西方传统 经典与解释

Classici et commentarii

HERMES

HERMES

在古希腊神话中，赫耳墨斯是宙斯和迈亚的儿子，奥林波斯神们的信使，道路与边界之神，睡眠与梦想之神，亡灵的引导者，演说者、商人、小偷、旅者和牧人的保护神⋯⋯

西方传统 经典与解释

Classici et commentarii

HERMES

尼采注疏集

刘小枫 ● 主编

古修辞讲稿

Darstellung der antiken Rhetorik

［德］尼采（Friedrich Nietzsche）● 著

屠友祥 ● 译

华东师范大学出版社

华东师范大学出版社六点分社　策划

古典教育基金·"资龙"资助项目

"尼采注疏集"出版说明

尼采是我国相当广泛的读书人非常热爱的德语作家,惜乎我们迄今尚未有较为整全的汉译尼采著作集。如何填补我国学园中的这一空白,读书界早已翘首以待。

"全集"通常有两种含义。第一个含义指著作者写下的所有文字的汇集,包括作者并未打算发表的笔记、文稿和私信等等。从这一含义来看,意大利学者 Giorgio Colli 和 Mazzino Montinari 编订的十五卷本"考订版尼采文集"(*Nietzsche Sämtliche Werke*:Kritische Studienausgabe in 15 Bänden,缩写 KSA,实为十三卷,后两卷为"导论"、各卷校勘注和尼采生平系年),虽享有盛名,却并非"全集",仅为尼采生前发表的著作和相关未刊笔记,不含书信。Giorgio Colli 和 Mazzino Montinari 另编订有八卷本"考订版尼采书信集"(*Sämtliche Briefe*, Kritische Studienausgabe in 8 Bänden)。

其实,未刊笔记部分,KSA 版也不能称全,因为其中没有包含尼采在修习年代和教学初期的笔记——这段时期的文字(包括青年时期的诗作、授课提纲、笔记、书信),有经数位学者历时数十年编辑而成的五卷本"尼采早期文稿"(*Frühe Schriften*:

Werke und Brief 1854—1869；Joachim Mette 编卷一、二；Karl Schlechta / Mette 编卷三、四；Carl Koch / Schlechta 编卷五）。

若把这些编本加在一起（除去 KSA 版中的两卷文献，共计二十六卷之多）全数翻译过来，我们是否就有了"尼采全集"呢？

Giorgio Colli 和 Mazzino Montinari 起初就立志要编辑真正的"尼采全集"，可惜未能全工，Volker Gerhardt、Norbert Miller、Wolfgang Müller-Lauter 和 Karl Pestalozzi 四位学者在柏林－布兰登堡学园（Berlin-Brandenburgischen Akademie der Wissenschaften）支持下接续主持编修（参与者为数不少），90 年代中期成就四十四卷本"考订版尼采全集"（*Nietzsche Werke Kritische Gesamtausgabe*, 44 Bände, Berlin / New York, Walter de Gruyter 1967—1995，共九大部分，附带相关历史文献）。我国学界倘若谁有能力和财力全数翻译，肯定会是莫大的贡献（最好还加上 *Supplementa Nietzscheana*，迄今已出版七卷）。

"全集"的第二个含义，指著作者发表过和打算发表的全部文字，这类"全集"当称为"著作全集"（KSA 版十五卷编本有一半多篇幅是尼采 1869—1889 的未刊笔记，尼采的著作仅占其中前六卷，未刊笔记显然不能称"著作"）。尼采"著作全集"的编辑始于 19 世纪末。最早的是号称 Großoktavausgabe 的十九卷本（1894 年开始出版，其时病中的尼采还在世），前八卷为尼采自己出版过的著作，九卷以后为遗稿；然后有 Richard Oehler 等编的 Musarion 版二十三卷本（1920—1929）、Alfred Bäumler 编订的 Kröner 版十二卷本（1930 陆续出版，1965 年重印）。这些版本卷帙过多，与当时的排印技术以及编辑的分卷观念相关，均具历史功绩。

1956 年，Karl Schlechta 编订出版了"三卷本尼采著作全集"（*Werke in 3 Bänden*，附索引一卷；袖珍开本，纸张薄、轻而柔韧，堪称精当、精美的"尼采著作全集")——尼采自己出版的著作精印为前两卷,卷三收尼采早期未刊文稿和讲稿以及"权力意志"遗稿。KSA 版问世后,Karl Schlechta 本因卷帙精当仍印行不衰——迄今已印行十余版(笔者所见最近的新版为 1997年),引用率仍然很高。

Karl Schlechta 本最受诟病的是采用了尼采胞妹编订的所谓"权力意志"遗稿(张念东、凌素心译本,北京:商务版 1991)——由于没有编号,这个笔记编本显得杂乱无章(共辑 1067 条),文本的可靠性早已广受质疑。KSA 版编辑尼采笔记以年代为序,从 1869 年秋至 1889 年元月初,长达近二十年(七至十三卷,近五千页),其中大部分不属遗著构想,所谓"权力意志"的部分仅为十二和十三卷(十三卷有贺骥中译本,漓江出版社 2000;选本的中译有:沃尔法特编,《尼采遗稿选》,虞龙发译,上海译文版2005)。

有研究者认为,尼采并没有留下什么未完成的遗著,"权力意志"(或者"重估一切价值")的写作构想,其实已见于最后的几部著作(《偶像的黄昏》、《善恶的彼岸》、《道德的谱系》、《敌基督》)——尼采想要说的已经说完,因此才写了《瞧,这个人》。按照这种看法,尼采的未刊笔记中并没有任何思想是其已刊著作中没有论及的。

研究尼采确乎当以尼采发表的著作为主——重要的是研读尼采或充满激情或深具匠心地写下并发表的文字。此外,尽管尼采的书好看,却实在不容易读(首先当然是不容易译),编译尼采著作,不仅当以尼采的著作为主,重要的是要同时关注注释和解读。

我们这个汉译"尼采注疏集"含三个部分:

1.笺注本尼采著作全集——收尼采的全部著作,以 KSA 版为底本(其页码作为编码随文用方括号注出,便于研读者查考),并采用 KSA 版的校勘性注释和波恩大学德语古典文学教授 Peter Pütz 教授的"笺注本尼采著作全集"(共十卷)中的解释性注释(在条件许可的情况下,尽量采集法译本和英译本的注释——Gilles Deleuze/Maurice de Gandillac 主编的 Gallimard 版法译全集本主要依据 KSA 版;英文的权威本子为"剑桥版尼采著作全集");

2. 尼采未刊文稿——选编重要的早期文稿(含讲稿和放弃了的写作计划的残稿)、晚期遗稿和书信辑要;

3. 阅读尼采——选译精当的文本解读专著或研究性论著/文集。

由此形成一套文本稳妥、篇幅适中、兼顾多面的"尼采笺注集",虽离真正的"汉译尼采全集"的目标还很遥远,毕竟可为我们研读尼采提供一个较为稳靠的基础。

"尼采注疏集"是我国学界研究尼采的哲学学者和德语文学学者通力合作的结果,各位译者都有很好的翻译经验——这并不意味着译本无懈可击。编译者的心愿是,为尼采著作的汉译提供一种新的尝试。

刘小枫

2006 年 5 月于

中山大学比较宗教研究所

德语古典文化与宗教研究中心

目　录

中译本说明 / 1

一、修辞的观念 / 1

二、修辞学和雄辩术的门类 / 12

三、修辞和语言的亲缘关系 / 17

四、表达风格之纯正、明净、得体 / 22

五、与修饰言语相涉的典型言语 / 32

六、纯正的变异 / 37

七、转义表达 / 45

八、修辞格 / 60

九、演说的韵律 / 75

十、关于立场的准则 / 84

十一、诉讼样式和手段 / 93

十二、庭辩辞的诸部分 / 95

十三、议事类雄辩术 / 118

十四、展示类雄辩术 / 123

十五、布局 / 132

十六、论记忆和发表讲演 / 140

雄辩术简史 / 145

希汉、拉汉概念对照 / 168

中译本说明

译出尼采《古修辞讲稿》，原为研究罗兰·巴特理论之需。章学诚《校雠通义》自序道：

> 校雠之义，盖自刘向父子部次条别，将以辨章学术，考镜源流；非深明于道术精微、群言得失之故者，不足与此。

这虽是就目录之学而言，却也适用于一切理论与学术。大凡将一种理论与学术的源流考辨清楚，则既可见出其渊源所自，亦可凸显其创新之处，从根本上阐明这一种理论与学术。

1869 年，尼采任瑞士巴塞尔大学古典语文学额外副教授，次年转为正教授。古典语文学为尼采思想的发生地。在他眼里，古典语文学是正确阅读和诠释的艺术，①实质就是进行哲学创造和批判的艺术，同时也是哲学创造和批判的对象。James I.

---

① 参见 ［德］尼采：《人性的，太人性的》（上卷），魏育青译，华东师范大学出版社 2008 年版，第 231 页。

Porter 道：

> 古典语文学……使尼采对传统观念、成见和臆断
> 特具的历史偶然性有了更深邃的判断力，对这些传统
> 观念、成见和臆断赖以生长繁盛的文化语境有了更深
> 切的鉴别力。由于同样的原因，也可以用古典语文学
> 来揭示、展现当代文化中某些非历史的、自然化的臆断
> 和假定。从这视角来看，古典语文学是对文化谬见的
> 理解方式，或者说得更确切些，是对文化神话制作模式
> 的理解方式。①

这里，古典语文学成为文化批判的一种形态。罗兰·巴特
延续了尼采这种批判精神与方式。在罗兰·巴特那里，修辞术
是揭示资产阶级意识形态自然化假象的利器，同时，修辞术原本
也是资产阶级意识形态实现其自然化假象的有效途径。他与尼
采一样，也开设了修辞学课程，并于 1970 年 12 月在《传播》杂志
第 16 期发表了长文《古修辞学大要》（L'ancienne rhétorique:
Aide-mémoire）。

尼采在 1872–1873 年的冬季半学年讲授修辞学课程。彼时
只有两名学生参加，一来自德文系，一来自法律系。尼采的健康
状况此时已经不佳，开课未几，学生便需至其寓所听讲。如此，
每周三晚，课程在尼采雅致的家中进行。灯下，尼采手执柔软的
红色皮面笔记本，作着口授。学生倾耳而听，记下精言。其间，
尼采不时中辍，或是凝神而思，或是予学生时间笔录。座中尼采

---

① J. I. Porter, *Nietzsche and the Philology of the Future*, Stanford: Stanford University Press, 2000, p.4.

出啤酒相待,佐以椒盐卷脆饼,他自己也会倾饮一杯。①

布鲁门贝格曾道:"修辞学是尼采哲学的精魂。"②同样,也可说修辞学是罗兰·巴特思想的根本所在,尤其是对含蓄意指的探究,将含蓄意指的能指(修辞术)的展开过程与含蓄意指的所指(意识形态)的实现过程并观,使两者的一体性凸显,如此,把握修辞术就成为制造或揭示意识形态的关键。

这次修订,得到了任教于上海交通大学哲学系的李鹃博士的校正。李博士通晓希腊文、拉丁文和德文,精心校订,指出不少错误。我内心非常感谢! 尔后又花了一年多时间慢慢重译、写定,期间还参考了 Angèle Kremer-Marietti 的 *Nietzsche et la rhétorique*。

屠友祥
2018 年 2 月 2 日

---

① Cf. Gilman and Blair, "Introduction." In: *Friedrich Nietzsche on Rhetoric and Language*, ed. and trans. by Sander L. Gilman, Carole Blair, David J. Parent, New York: Oxford University Press, 1989, p. X.

② H. Blumenberg, *Work on Myth*, Cambridge, MA: MIT Press, 1985, p.272.

一、修辞的观念

修辞观念的迥异于寻常的演变，例属古代和现代之间的特定差别：这一艺术近时颇有些受歧视，①我们现代人即便曲尽其妙，将它置于最为适当的境地，也只不过是弄着玩玩，凭着经验估估而已。一般说来，对真实本身是什么的感受，已有了极大的变化：一个民族依旧生活于神话想象中，尚未有历史可靠性的绝对需要，修辞术便在这一民族当中产生了：他们宁愿被说服，而不肯接受教导。况且人们需要法庭雄辩术，这必定推动了自由七艺②的发展。如此，它究竟而言是种共和政体的艺术：人们必须习惯于容忍最为诡异的意见和观念，并在相互刀来枪往之际持某种欢欣的情绪；必须发自心底地言说，一如自愿地倾耳而听；作为倾听者，亦必须多少能欣赏那运用着的艺术。古人的教育通常以修辞学告终：这是受过良好教育的政治人（一个我们

---

① 尼采原注：洛克表达其厌恶之情，强烈之极（《人类理解论》，3，10，34）："我们必须承认，修辞学的一切技术……演说术发明的一切机巧的纡回的文字用法，都只能暗示错误的观念，都只能够动人底感情，因而迷惑人底判断；所以它们实在是地道的骗术。"（采关文运译文，商务印书馆 1959 年版，第 497 页，文字微有更改）

② 修辞术为自由七艺之一。

听来觉得怪异的概念)至上的精神活动！康德就此作了极明晰的表述(《判断力批判》第 203 页)：

> 言语艺术是雄辩术和诗艺。雄辩术这一艺术将知性事务作为想象力的自由活动来展开,诗艺则将想象力的自由活动作为知性事务来管束,因此,演说家宣示知性事务,驾驭之际,仿佛只是玩着观念的游戏,以便听众乐而忘倦。诗人宣称只玩趣致横生的观念游戏,然而使知性奏了如此众多的效用,仿佛提倡知性事务成了他的一个目的。

古希腊文化活力的独特之处于是可标举出来:它将一切事物,诸如智慧活动、生命的要务、紧迫的情势、乃至于危险事态,统统都看做游戏。罗马人长时期里在修辞学上都是天然主义者,相对来说较为干枯,粗糙。然而,罗马政治家的贵族气派,多种多样的审判实践,为其增光益彩;罗马的杰出演说家通常是强有力的政党领袖,而希腊的演说家则在同好的私人聚会上讲谈。注意及独特的庄重气度的,是罗马人,而不是希腊人。叔本华所言(《作为意志和表象的世界》第二卷第 129 页),与前述观念恰相贴合:

> 雄辩术是这般技能,它在他人身上引发我们对某事物的看法,或我们对待此事物的态度,在他们身上激起我们对此的感受,因而使得他们与我们意气相契;所有这些均经由言辞将我们的思想之流传输到他们的头脑中,凭借如是的力量,此流使得他们自身已然所取的思维方向改道了,将那定势纳入此流自身的趋向,裹挟

而去。他们的思想趋向先前愈是与此相歧出，则雄辩
术扭转定势之功亦愈显精湛。

（叔本华）在此从罗马人角度强调了（雄辩术）具独特个性
的驾驭一切的优势地位；而在康德那里，从希腊人身上凸现了
（雄辩术为）知性事务中的自由活动。

总的说来，现代人对修辞学所下的定义不精确，而就其正确
定义的较量，持续了整个古代时期，在哲学家和演说家之间尤为
剧烈。所有这些都由施本格勒（《莱茵博物馆语文学专刊》
[*Rheinisches Museum für Philologie*]，第 18 卷，第 481 页）编年纂
辑，①其后由李退德·傅迩轲缦纂辑（《修辞学》，②柏林，1872
年）。那些避免给出严格定义的人，至少亦寻求着界定演说家
的任务（telos, officium）。这就是说服（peithein, dicendo peresua-
dere）：要把这具体地用定义（horismos）说出来是难的，因为效力
不是事物的本质，况且说服之效甚至在最好的演说家身上也不
会总是发生。西西里的科拉克斯（Corax）和梯希亚斯（Tisias）
说，修辞术是个以说服为业的艺匠（rhētorikē esti peithous
dēmiourgos）；在多利斯方言中，艺匠（dēmiourgos）这词的意义要
比爱奥尼亚方言中的"制作者"、"设计者"高出一个档次：多利
斯城邦最有权势的人就被这样称呼（那儿只有"匠人"）。③ 高

①　Leonhard Spengel 1863 年在此刊第 18 卷第 481–526 页发表"Die Definition und
　　Eintheilung der Rhetorik bei den Alten"一文。

②　《修辞学》指 Richard Volkmann, *Die Rhetorik der Griechen und Römer in systematis-
　　cher Uebersicht dargestellt*（《按体系分类概述的希腊人罗马人修辞学》）一书。

③　高辛勇《修辞学与文学阅读》附录一《西方古典修辞学》述及修辞学的确立，道：
　　"当为说服、论辩的技巧或艺术，演说术在荷马的史诗、希腊悲剧等早期文学里，
　　便已随处可见。在此之前，雅典城邦很早便有祭祀演说女神的习俗，这种一年
　　一度的仪式据说是由传说中的 Theseus 王所建立。但当为一门有意识的学科，
　　希腊的修辞学要到公元前第五世纪才开始形成。它发源于西西里岛，（转下页）

尔吉亚（Gorgias）和伊索克拉底（Isocrates）也是这样，①后者以更为平实的语辞把修辞学解释为关于说服的知识（peithous epistēmē）。

柏拉图对修辞学有着强烈的厌恶感：他称其为技术，某种具有外在魅惑力的诀窍，措辞或声调中含具的快感（empeiria charitos tinos kai hēdonēs apergasias），并将它贬入迎合（kolakeia）之地，与烹调术（opsopoiikē）、装饰术（kommōtikē）、诡辩术相比肩（《高尔吉亚》，第 463 页）。与此相对，尚有一丝儿别样的修辞学观点的痕迹，参见希尔策（Rudolph Hirzel）《论柏拉图的修辞术及其意义》（Über das Rhetorische und seine Bedeutung bei Plato），莱比锡，1871 年。在《斐德若》（239e 及以下），宣称演说家应在论辩术的协助下获取对一切事物的清晰观念，以此他总是处于适切地表现事物的境地。他应让自身握有真实之物，以便同样掌控可能之物，由此，他便能够诱捕住听众。因而也就需

（接上页注③）从西西里传入希腊，在希腊的城邦环境发扬光大。一般认为科拉克斯（Corax, 539–443）和梯希亚斯（Tisias）师生是修辞学的建立人。当时西西里岛城邦独裁者被推翻，很多放逐的市民回流，他们为了争回自己以前被没收的土地牛羊，乃聘请科拉克斯为他们提出诉讼。科拉克斯被认为是首先提出演说的理论概念的人。因为当时的情况，市民没有地契收条可当证据，这种诉讼论辩显然必需以旁证来理论，从每个案件的可能性（probability）或可信性来说服法庭。可能性这个概念也成为演说论述的基本立足点或出发点。此外，科拉克斯将演说家定义为以演说为其主要目的的演说人。他又指出，一篇演说应当有引言、说明、申论与结论四个部分。从上面我们可以看到，论辩演说实起源于公堂诉讼，说服是它的主要目的。另外，可能性这个概念也是修辞产生的原因与基础，是演说之所以别于逻辑（logic）的主要特征。换句话说，如果逻辑是建立在真（或必然性）的原则上的论述，修辞则明白地是以可能性为其论说的原则或出发点。这一点尤其是修辞的中心概念，是修辞语言与逻辑/科学语言的区分所在，两者的对立也成为西方思想史里最基本的争论点之一，也是为什么所谓求真的传统必定要多方打击修辞的基本原因。"（北京大学出版社 1997 年版，第 118–120 页）

① 参见柏拉图《高尔吉亚》453a，恩披里可（Sextus Empiricus）《驳数理学家》（Adversus Matematicos）2, 63, 301。

要演说家通晓如何煽起听众激情的手段,如何以此手段驾驭他们。最后,他必须具有人类灵魂的正确知识,并了解能摇撼人类心灵的所有话语形态。故真正的演说艺术的形成,即以受极深广的教育为先决条件。尽管如此,演说家的任务是借可能之物的协助说服听众,这一假定并没有因受教育的先决条件而有所移易。当然,苏格拉底宣称(273e),无论是谁,一旦达臻知识的绝巅,不会再满足于卑下的任务:较高的目标便是"与他人交流已获取的知识"。明晓这点的人,他既可娴于修辞(rhētorikos),也可擅于传授修辞技艺(didaktikos)。后一个目标只是更高一些而已,确实不应不考虑每一个修辞手段的使用,只不过这不能是生命中唯一重要之物!

在《政治家》(304d),他否认修辞术可传授(didachē),而赋予它以讲述神话说服大众(plēthos)和群氓的职责。柏拉图也正是以这种方法,把真正的哲学家苏格拉底描绘为时而是学园式的授徒者,时而是讨大众喜欢的辩才无碍的演说家。对话中的神话成分具有修辞性质:神话就其内容来说有着可能性,因而不是讲授的对象,而是旨在于听众中激发某种意见(doxa),以此奏说服(peithein)之效。神话属精巧的童戏(pankalē paidia)之列:把修辞成分组合起来,恰如将前人写就的作品拼排一番,纯是为了娱戏。既不能以已写就的形态,也不能以修辞方式,来编织真理。片刻之间,毋需入规合矩地讲解,此际,神话及修辞的成分便活跃起来。诉诸见证,是种精巧的修辞手段,柏拉图式的神话同样也经由诉诸见证来引入。

《王制》(376e)很值得注意:柏拉图在此区分了两类言说,一为真实,一为虚假:神话属于后者。他认为神话在逻辑上是真实的,他不是就说谎指责荷马及赫西俄德,而是指责他们没有以正确的方式说谎。他在389e也同样明确地述说道,说谎在特定情况下对人类是有用的,必须允可统治者为了其城邦公民的利益使用谎言。譬如他在第三卷 414e 引入一个道地的神话,以便在公民的头脑中确立特定的意见,为了这个目的,他并不回避当修辞手段用的说谎。

柏拉图针对修辞学的激烈辩驳,有时候直指流行修辞学的不纯正的目的,有时候直指修辞学者所受的训练全然粗糙而不充分,缺乏哲学的准备。他认为修辞学应筑基于哲学教育之上,并用于善好的目的,亦即哲学的目的,若然,方是正当的。

我们只有两部专论修辞学的著作,其它的,均在许多世纪之后才出现。第一部是《亚历山大修辞学》(*Rhetorica ad Alexandrum*),此书与亚里士多德毫无干系,而很可能是阿那克西美尼(Anaximenes)的著作(参见施本格勒,①《语文学》,第 18 卷,第 604 页。)它纯粹是为了实际使用,整体上缺乏哲学深度,基本方面沿循了伊索克拉底的学说。没有对修辞学作出界定,通篇不使用修辞术(rhētorikē)这一名称。

[第二部,则为]纯粹的哲学著作,对此后所有就概念作概念性的界定影响甚钜,它是亚里士多德的《修辞学》:修辞术是就每一事物觅出所有可能的说服方式的技能(rhētorikē dynamis peri hekaston tou theōrēsai to endechomenon pithanon),"它们都是合乎情理地可能,且令人信服。"(亚里士多德《修辞学》,1,2)如此,修辞学就既不是科学意义上的知识(epistēmē),也不是艺术(technē),而是技能(dynamis),然而这技能可以上升成为某种艺术。修辞不是为了说服(peithein),而是为了能够表达讼案:职业演说家能为棘手的讼案辩护,一如医治者护理身罹绝症的

---

① 指施本格勒"Die rhetorica (des Anaximenes) ad Alexandrum kein Machwerk der spätesten Zeit"一文,载《古希腊罗马语文学杂志》(*Philologus, Zeitschrift für klassisches Altertum*) 1862 年第 18 卷第 604-646 页。

病人。此后所有的修辞学定义都保留以一切可能方式进行说服（kata to endechomenon peithein）这一意义（与西西里人的界定①相对反）。就每一事物（peri hekaston）涵括殆遍，适用于一切方式，是极重要的。修辞学完全是种具体化的艺术。最后，觅出（theōrēsai）是重要的：人们指责亚里士多德在此只抓住选题（inventio）②，而不涉及表达风格（elocutio）、布局（dispositio）、记忆（memoria）③、发表（pronuntiatio）④。他大概希望不要把口头演讲看做本质之物，而只视为偶然之物：因为他心目中想的是书面形态的修辞术（恰如他也认为戏剧效果独立于实际演出之外，因而不把舞台上的声色呈现理解为戏剧的本质特性）。明晓、感知所有可能的说服方式（to endechomenon pithanon）就可以了，这些已明晓的说服方式以何种样态呈现出来，则已经蕴含在说服方式本身之中了：这就是发表的每个历经修饰的手段都同样围绕着这种说服转的原因。甚至言说（legein）也不是必不可少的。

这时修辞学家派和哲学家派之间愤激的学术斗争业已经历了数个世纪。廊下派学者描述了这番情景（第欧根尼·拉尔修,7,42）：

---

① 指上面所述的西西里的科拉克斯（Corax）和梯希亚斯（Tisias）说,修辞术是个以说服为业的艺匠。
② 选题意谓发现、选择素材或论题。就 inventio,培根说："用于言语或论辩的 invention,恰当地说,不是 invention,因为 invent 是要发现我们尚未认识的东西,而不是找回或召回我们已经知道的东西。言语或论辩的 invention 正是从我们头脑已有的知识中,取出那些跟我们目前正在追求的目标有关的东西。"（Francis Bacon, *The Works of Francis Bacon*, 1869, Ⅵ, pp.268-269）采顾曰国译文,见其《西方古典修辞学和西方新修辞学》一文,《外语教学与研究》1990 年第 2 期第 22 页。
③ 指有准备的演讲。
④ 指演说行为本身,包括身体的动作。

修辞学是一门技术，可将平实板滞的内容道说得有声有色；论辩术这门技术则用于正确讨论在回答中展开的论题（tēn te rhētorikēn epistēmēn ousan tou eu legein peri tōn en diexodōi logōn kai tēn dialektikēn tou orthōs dialegesthai peri tōn en erōtēsei kai apokrisei logōn）。

修辞术和论辩术关联起来，意义是重大的；论辩术几乎是扩展了的诡辩术，虽则诡辩术这概念过于狭窄了。亚里士多德（《论题篇》，1，12）说，人们按照真理哲学地处理某个主题；依照表面现象或他人的认同，亦即他人的意见（doxa），论辩地处理某个主题。关于修辞学，人们可以说也是这样一回事。两者均可理解为谈论和对话中获取胜利的艺术：讲论得好（eu legein）！对亚里士多德式的界定：论辩术似乎是修辞学的亚种，①人们不妨反对。

这时人们力求觅及一个定义，其中雄辩术的成分可以辨清，因为亚里士多德蒙受指摘的，是仅仅标举了选题。昆体良（Quintilian）（2，15，37）②将选题和表达风格作为最重要的因素结合了起来：人们认为修辞学的目标在于正确地理解和表达（qui recte sentire et dicere rhetorices putaverunt，orthōs gnōnai kai hermēneusai）。鲁孚思（Rufus）添了个布局（dispositio，taxis）：精致而富有说服力地组织言辞的技术（epistēmē tou kalōs kai peistikōs diadesthai ton logon）。在昆体良（2，15，21）里引用过的加大拉的塞奥多洛（Theodorus of Gadara）分成了四个部分：

① 亚里士多德《修辞学》一开首也说道："修辞术是论辩术的对应物。"（罗念生译，生活·读书·新知三联书店1991年版，第21页）

② 指其流传下来的唯一著作《演说术原理》（*Institutiones oratoriae*）。

发现、评判和以恰如其分的优雅方式进行表达的艺术(ars in-
ventrix et iudicatrix et nuntiatrix decente ornatu)〔用希腊语讲,则
可能是 technē heuretikē kai kritikē kai hermēneutikē meta pre-
pontos kosmou①〕。最后,在昆体良(5,10,54)里五种要素都遇
见了:

> 这般定义既可用普泛的方式表述,譬如修辞学是
> 讲论得好的技术,也可细致地叙说,譬如修辞学是正确
> 地选题、布局、表达、配以强固的记忆、庄重的演讲风格
> 之类的技术(id aut universum verbis complectimur, ut
> rhetorice est bene dicendi scientia: aut per partes, ut
> rhetorice est recte inveniendi et disponendi et eloquendi
> cum firma memoria et cum dignitate actionis scientia)。

人们可以看到廊下派的讲论得好(eu legein)如何逐渐地趋
于界定。继而亚里士多德式的就每一事物被替换为就政治事物
(en politikōi pragmati),这由最有影响力的作家赫墨格拉斯
(Hermagoras)所为(他生活于西塞罗之前不久),如此,就排除了
哲学的探究,同样也排除了学术的诸类专门分支的探究。人们
据此理解涉及何为善良、公正、美之类的概念,它们内在于全体
人类,针对这些概念,专门的理论就不必要了:通用知识(koinai
ennoiai)便与专门研究或技术截然对立。柏拉图的普罗塔戈拉
阐述了人的政治美德(aretē politikē)的意义。②

---

① 这句希腊语是尼采构拟的,非昆体良所为。
② 柏拉图《普罗塔戈拉》叙述普罗塔戈拉以神话解释人类的出现和人类社会的产
生,道"普罗米修斯就从赫斐斯托斯和雅典娜那里偷来带火的含技艺的智慧送
给人做礼物。毕竟,没有火的话,即便拥有[这智慧],世人也没　　(转下页)

　　继阿那克西美尼和亚里士多德两部希腊文教科书之后，出现的拉丁文论修辞学的专著是：《致赫瑞尼翁》（Auctor ad Herennium）和西塞罗的作品。现今认为〔《致赫瑞尼翁》的〕作者是康尼苃修（Cornificius）；就涉及的材料而论，他仅仅谈到苏拉时期①〔……〕。西塞罗的《论选题》（De Inventione）（两篇）是部早年作品，完全沿袭了希腊的原始材料：其中广泛参用了《致赫瑞尼翁》；然而一般说来，西塞罗常是比《致赫瑞尼翁》要糟一些。西塞罗认为他暮年之作《论演说家》（De Oratore），②就形式

　　（接上页注②）办法让这到手的东西成为可用的……由于担心我们这个族类会整个儿灭掉，宙斯吩咐赫尔墨斯把羞耻以及正义带给世人，以便既会有城邦秩序又会有结盟的友爱纽带。于是，赫尔墨斯问宙斯，他应当以怎样的方式把正义和羞耻带给世人：'我是否该像分配技艺那样来分配这些，也就是这样来分配，即一个人拥有医术对于多数常人已经足够，其他手艺人也如此。我是不是该这样子让世人具备正义和羞耻，抑或应当分给所有人？''得分给所有人，'宙斯说，'让所有人都分有；毕竟，倘若极少数人才分有，就像其他技艺那样，恐怕就不会有城邦。'"（柏拉图，《普罗塔戈拉》321d1—322d4，刘小枫译，见《柏拉图中短篇作品集》，华夏出版社，即出）

　　　普罗塔戈拉原则上承认人类全体的平等，认为智慧和美德人人都可获得。他所谓的政治美德指正义、理性、笃信宗教。国家的存在必以所有成员都具有政治美德为前提。美德非天赋，非自发产生，而可习得。普罗塔戈拉的根本观点是："人是万物的尺度，是存在的事物存在的尺度，也是不存在的事物不存在的尺度。"（柏拉图《泰阿泰德》152a，《西方哲学原著选读》上卷，商务印书馆1981年版，第55页）则政治美德也是属于以人为尺度的事物。

① 苏拉（Lucius Cornelius Sulla，138—78BC），古罗马统帅、独裁者（82—79），加强元老院权力，实行军事独裁统治。自行退隐普托里庄园（79），仍对罗马国事有重要影响。次年病死。高辛勇《修辞学与文学阅读》附录一《西方古典修辞学》道："《致赫瑞尼翁》成书于公元前九十年左右，作者不详，唯其风格与西塞罗早期的风格相近，乃被称为伪西塞罗。它综合了希腊的传统，将之系统化，很有条理并全面地处理演说学的各种问题。从第四世纪起到整个欧洲中古时期，它是最通行的教科书。对演说修辞学的五部分（五项技能）的分法，后来成为西方修辞学的基本范式。修辞的基础——可能是真的观念——在这里清楚地定义为：如果可以说得上是常见的、意料中的、并且是自然的，即可能是真。此书的特色之一，是它对演说不可或缺的记忆做了相当深入的论述；同时第一次对辞格作了详细的分类。"（北京大学出版社1997年版，第131—132页）

② 《论演说家》作于公元前55年。

和内容来讲,是极重要的。主要人物克拉苏和安东尼,仅表达了作者个人的信念。他狂热地反对通常是琐细的(譬如《致赫瑞尼翁》所属的一般类型的)教科书。他以安东尼这个人物,给我们指点他如何富有技巧地草拟他的演说辞;以克拉苏这个人物,勾勒通晓哲学的演说家(近似于柏拉图的理想观念)的崇高画像。然而他决没有理解真正的哲学家和演说家之间的对立。他的书与亚里士多德的著作相较,显得粗糙,让人觉得口味不佳。——他的《布卢图斯》(Brutus)①是罗马演说家的会聚(synagōgē Rhōmaiōn rhētorōn),是享有盛誉的罗马演说家的个性化描绘,为无价之作。《演说家》(Orator)只谈及修辞学的一部分:西塞罗把完美纯熟的演说家限定在表达风格(elocutio)这一方面。《论题篇》(*Topics*)就特定情景而作,为回覆特里拜修(Trebatius)的信函,越出了要成为《论题篇》的宗旨。

---

① 《布卢图斯》描述罗马的演说发展史。

二、修辞学和雄辩术的门类

最老的论修辞学的手册（technai），写成于伊索克拉底之前，内容仅为对讼词撰写的指点。伊索克拉底指摘这种局于诉讼的雄辩术（《反诡辩论者》，13，19），而补充了议事的雄辩术。阿那克西美尼也只通晓这两类。亚里士多德则在议事（deliberativum）和庭辩（iudiciale）之上增补了夸示类雄辩术（genus demonstrativum, epideiktikon）。雄辩术依据内容而构成三种目的样式（genera caussarum）：法庭类（genus dikanikon），议事类（symbouleutikon），夸示类（epideiktikon）（亦谓称扬类[panēgyrikon]和颂赞类[encōmiastikon]）。诉讼演说意在指控或辩护；议事演说旨在就某件事进行说服或劝阻；夸示性演说则在颂扬或指责。

有个重要而相对的分辨：随着说服（suasoriae）和论辩（controversiae）的引入，出现了两种雄辩术：究竟而言，一为商谈方式的实务类（genos pragmatikon, in negotiis），一为表演方式的夸示类（genos epideiktikon, in ostentatione positum）。两者又分出四个亚类：法庭类（eidos dikanikon）（真实或构想的论辩）；议事类（genos symbouleutikon），协商性或表演性的说服，实际地出现于议事会上，或公众集会面前；颂扬或指责的演说，为褒贬类（genos encōmiastikon）（赞颂和指责都包括在内）；偶然类（genos enteuktikon），此种演说辞用于特定情景，尤其是欢迎辞和告别辞。其他人则将历史（historikon）作为第四亚类：他们十之八九意指历史的修辞式写作，譬如经由伊索克拉底的学园，尤其是经忒俄坡谟浦（Theopompus）之手，它变得重要而醒目。以这种方式划分下去，有些总数可达三十个属（形成了所有含具艺术意味的纯正散文的分类）。

　　哲学家将［散文要素］分为论题（thesis）和前提（hypothesis）。前者以极一般的措辞思考问题本身；后者依照问题呈现于特定情景而定。确定一般之物，是哲学家的任务；处理特殊之物，则落到修辞学家肩上。哲学家将前提分为三类。只有廊下派把夸示类置于论题之下，因为它引致极大的困难，且因为它的一般的应用是相当令人不适的。廊下派区分了：

纯理论的言辞（logos theōrētikos）　　实际应用的言辞（logos praktikos）
　　　　　　　|　　　　　　　　　　　　　　　　　　　　|
　　　论题（thesis）　　　　　　　　　　前提（hypothesis）
　　　　　　　|　　　　　　　　　　　　　　　　　　　　|
赞颂类和指摘类（enkōmion psogos）　议事类和法庭类（symbouleutikos dikanikos）

这些是言辞的类。在所有这些类型中，演说家迄今为止必须施展这样五个部分的活动：（1）选题（inventio，heuresis）。（2）布局（dispositio，taxis）。（3）表达风格（elocutio，lexis）。（4）记忆（memoria，mnēmē）。（5）发表（pronuntiatio，actio，hypokrisis）。这条原理至少要在阿那克西美尼和亚里士多德之后，方渐渐得到公认。在阿氏和亚氏的著作内，找不到发表和记忆这两部分。（这完全相容于亚里士多德的作品，其中他将朗诵确认为一种类型。）首先，廊下派的分类：理解（noēsis，intellectio），选题（heuresis，inventio），布局（diathesis，dispositio），须予以跨越；

我们的确应先理解已被设立好的主题,知悉其呈何类状态,然后我们应觅出与该主题相适合的论题,继之以正确而系统的方式安排所觅出之物(etenim caussa proposita primum intellegere debemus, cuius modi caussa sit, deinde invenire, quae apta sint caussae, tum inventa recte et cum ratione disponere)。①

不管是某个修辞学家的著作(erga tou rhētoros)还是修辞艺术的著作(erga tēs rhētorikēs),在这点上都有着争论。昆体良在其作品中(3,3,11),将理解(noēsis)诠释如下:

首先,我们必须理解它是论题还是前提;倘若我们把它理解为前提,也就是理解为论辩,则理解此论辨是否成立,它是哪一种类,何种形态,状况,最后,是什么辞格,将是必要的(intellegendum primo loco est, thesis sit an hypothesis; cum hypothesis esse intellexerimus, i.e., controversiam, intellegendum erit an consistat; tum ex qua specie sit; deinde ex quo mode; deinde cuius status; postremo cuius figurae)。

如此,修辞性推论(enthymēma)和修辞性归纳(用事)(para-deigma)就归入选题(heuresis)。布局(taxis)和安排(oikonomia)就归到合成(联缀,结撰)(diathesis)里。

然而这种一柄二枝式的划分法看来是最为古老的了;譬如在伊索克拉底那里,某种既定的论题内容,或是找出来,或是修

---

① 此见昆体良《演说术原理》,4。

辞性推论的重铸,并对这类论辩(enthymēmata)作恰如其分的合成,由此可见选题(inventio)和表达风格(elocutio)。① 常是遵循伊索克拉底之说的哈利卡纳苏的狄奥尼修斯(Dionysius of Halicarnassus),②就有一柄二枝式的划分法:言语(lexis)和运用效果(praxis),形式和内容(后者多半是给定的)。他论评各位作者之际,将切合实用自成体统的特性(pragmatikos charaktēr)与独具风格的言说技能(lektikos)拆离开来,提到对具体事实的细究(pragmatikai)和独具风格的言说功效(lektikai aretai)之类的说辞。实用部目(pragmatikos topos)分为筹划(paraskeuē)(亦即选题[heuresis])和布局(oikonomia)(亦即运作业经筹划之事[chrēsis tōn paraskeuasmenōn]);独具风格的言说技能部目(lektikos topos)分为辞语的择取(eklogē tōn onomatōn)③和业经择定之辞语的联缀(synthesis tōn eklegentōn)。④ 如此,第二层级的划分统统涉及言语的布局(oikonomia)和联缀(synthesis),是更为紧要的。⑤

　　奏总揽言语五要素之效者,有三途,一为天赋技能(physis),一为理论授受(technē),一为付诸实践(askēsis, meletē)。普罗塔戈拉最先阐述此三径。[西塞罗的]《为诗人阿基亚斯辩护》(*Pro Archia Poeta*)卷首(1,1)将它们综述如次:

---

① 参见伊索克拉底《反诡辩论者》,4。

② 哈利卡纳苏的狄奥尼修斯(? -8? BC),史学家,修辞学家。生于小亚细亚的哈利卡纳苏城,后移居罗马。著有《古罗马史》及其他有关修辞、文学理论的专著。

③ 相当于汉语修辞中的炼字。

④ 刘勰《文心雕龙·练字篇》谓:"因字而生句。""心既托声于言,言亦寄形于字。讽诵则绩在宫商,临文则能归字形矣。是以缀字属篇,必须练择。"

⑤ 参见哈利卡纳苏的狄奥尼修斯(Dionysius of Halicarnassus):《与萬缪兹第一书》(First Letter to Ammeus),3,《修昔底德论》(On Thucydides),24,2,《修辞艺术》(Art of Rhetoric),4,《言辞联缀论》(De Composita Verborum),1。

　　审判者们,如果我具有什么样的天资(我清楚它是多么枯窘),如果我有什么样的演说经验(我不否认自身在这方面的经验尚属老练),如果我从学习和训练自由技艺当中获取了演说的什么样的方法(我承认我生命的任何时期都不曾拒斥过这种训练)……(Si quid est in me ingenii, iudices, quod sentio quam sit exiguum, aut si qua exercitatio dicendi, in qua me non infitior mediocriter esse versatum, aut si huiusce rei ratio aliqua ab optimarum artium studiis ac disciplina profecta, aqua ego nullum confiteor aetatis meae tempus abhorruisse etc.)

三、修辞和语言的亲缘关系

我们察觉某位作者、某本书或某种文体刻意使用言说的种种艺术手段,就称其为"含具修辞性的"(摘辞抒藻);这通常隐含着委婉的指摘之意。我们认定它是不自然的,看做是锻锤着有意为之的印记。这显然随作论评者的趣味及其意中称何物为"自然"而移易。一般说来,凡古代文学,尤其是罗马文学,我们看去(我们是粗糙言语的体认者)都颇有点儿精致,润饰。这实在也有个深层的原因,古人的真纯地道的散文,是当众演说的回声,筑基于自身的体统之上,而我们的散文,总是另外从写作上得到阐明,我们的呈现为某种形态的风格,则经由阅读而感知。此为阅读,彼为倾听,想望着完全不同的呈现形式。这是古代文学在我们眼里显得是"摘辞抒藻"的原因所在。也就是说,它主要诉诸听官,以使之迷力四射。在希腊人和罗马人当中,就倾听口头辞语而论,人们发现了韵律感的非同寻常的开发。[此境的达臻],经历了规模庞大、持续不懈的实践。其境况在此可与韵文的情景相比拟——我们熟悉书面的诗歌,而希腊人则拥有不经书籍中介的真正的诗歌。相较起来,我们太苍白黯淡、粗陈梗概了。

　　验核所称的"摛辞抒藻",则是不难的。其做为刻意而为的艺术的手段,在语言及其发展过程中起着无意而为的艺术手段之用,摛辞抒藻确是个对已居于语言内的种种艺术手段作深一层锻造的过程,这受着理智的明光的照引。人们能够与之一拍即合的语言,显然已不复有清水出芙蓉的"自然性":语言本身全然是修辞艺术的产物。力能抉发涉及每事每物之作功与效用,并使之运转,此力亚里士多德称为修辞术,同时即是语言的本质;语言的本质依据着事物的本质,正有点儿像修辞学依据着真实之物。语言并不想望着传道授业,却一意要将主体之冲动及其可接受处输送给他人。构造语言的人,并不感知事物或事件,而是体察飘忽而至的欲愿(Reize):他不沟通感觉,却仅仅是端呈感觉的摹本,与人共享。此感觉,经由精魄的冲动而引发,不会占据事物本身:此感觉经由印象具体地呈现出来。但心灵的活动过程如何经由声音印象呈现出来,这一问题必须提出。倘若完整而精确的呈现行将发生,则就要呈现的实体说到底不就该与心灵运作者合一么? 可既然它是某类异己之物——声音,如何能更为精确地以印象实现出来呢? 不是事物移入意识,而是我们看待事物之际所取的方式,是似真性、说服之力(pithanon),方移入意识。事物的绝对本质截然不可体知。我们的感知和经验将事物的诸多侧面、从某种角度讲颇为可观的知识提供给我们,在此之前,我们的言辞绝没有悬搁着;一旦感知了冲动,言辞即刻脱口而出。感觉占据的不是事物,而仅仅是某个符号。此为首要的方面:语言是修辞,因为它欲要传达的仅为意见(doxa),而不是真知(epistēmē)。

　　比喻(tropes),这非字面的意指活动,被看做是修辞的最具巧艺的手段。然就其意义而论,一切词语本身从来就都是比喻。它们并不真正地呈示出来,却是呈现为声音形象,偕着时日逝去而渐趋模糊：语言决不会完整地表示某物，只是展呈某类它觉得突出的特征。倘若修辞学者说"帆"而不说"船"，讲"波涛"而不讲"海洋"，则举隅法（synecdoche），"一种包纳"，就出现了；但有属同一回事的，天龙星座（drakōn）被称为巨蛇座，其实都属"看上去闪烁发亮"之列，或龙被称作蛇，则在都是蜿蜒之物；可为什么不也叫蛇做蜗牛呢？部分的感知替代了完整的直觉。说到蛇（anguis），拉丁语把它叫做蟒（constrictor），希伯莱语称之为发嘶嘶声者或逶迤缠绕者或蜿蜒爬行者。

比喻的第二种形式是隐喻（metaphor）。它并不产生新的词语，却让词语带上新的意义。譬如说到山，隐喻提及绝顶、麓、脊、峡谷、岬、脉；prosōpon，面孔，与船（neōs）有关，意谓前部或船首；cheilē，唇，与河流（potamōn）相关，意谓河岸；glōssa，舌，亦意谓长笛的吹口；mastos，胸，亦意谓小山。隐喻也出现于（属）性的标示中；（属）性，就语法意义而言，是语言和纯粹隐喻的乐趣所在。此外也有从位置到时间的变换：在家（zu Hause），通年到头（jahraus）；有从时间到因果性的变换：由此而始，直至何时为止；到此结果，出于何因（qua ex re, hinc inde；hothen, eis ti）。

第三个辞格是换喻（metonymy），因和果的置换；譬如修辞学者说"汗水"以代"工作"，"口舌"以代"语言"。我们说"酒有苦辣之味"，以替代"它从我们身上激发那种特别的感觉"；"石头是硬的"，仿佛硬除了我们作出的判定之外还是个有着某种特点的事物。"叶子青葱。"呈现（leussō）与亮光、照耀（lux、luceo）的关系，覆盖（color）和隐瞒（celare）的关系，都可以回溯到换喻。月球，月份（mēn, mensis, mâ(ôt)）是可以测度的，从果的角度来命名的。

　　总的说来：比喻不仅仅为偶然地添附到词语上去，而是形成了词语几乎全部固有的特性。它使得抬出"专有意义"不再有效，专有意义只在特殊情形下继续存在于另外一些事物中。

　　就如词的本义和比喻之间几乎没有区别一样，直截了当的言语和摛辞抒藻的辞采之间也没有什么界线。通常称为语言的，其实都是种比喻表达法。语言由个别言语艺术家创制出来，但由群众集体的趣味作出抉择，这一事实规定着语言。只有极少数的个人表出修辞手法（schēmata），其功效则在成为众人的导引。倘若这些修辞手法没有盛行开来，那么，人人都会诉诸通常的惯用法层面，以显示种种手法的不规范，文理不通。某一修辞手法寻不到买主，就属谬误之物。一谬误之物被某些惯用法接纳，就成为一修辞手法。因声音的和谐（Gleichklängen）而觉快乐，对修辞学家们（rhētores）也有价值：同声相应的修辞手法（ta isa schēmata），这让人想起高尔吉亚的对称的子句（parisōseis）。然而，音程上有着巨大的不谐：因为在某人觉得愉悦之处，他人感觉到了厌恶透顶的错误。路德（Luther）指责 beherzigen（记在心上）和 erspriesslich（有利可图）作为新词不完善。不管怎么说，它们通行于世了，同样，西蒙·达赫（Simon Dach）之后，furchtlos（无所畏惧）一词流行开来了；岳力克（Yorik）翻译了《感伤旅行》（1768），①empfindsam（感伤）一词便盛行；1794 年之后，Umsicht（审慎）才用来翻译 circumspectio；以 Leidenschaft（激情）译 pathos，则只在克里斯蒂安·沃尔夫（Christian Wolff）之后。然而，替代法（enallage）、置换法（hypallage）及赘述（pleonasmus）在语言的

---

① 此为英国小说家斯特恩（Laurence Sterne）所著。

发展过程中、命题中都已经造成了;整套语法就是这类可名为
日常用语的修辞手法(figurae sermonis)的产物。①

<hr />

①   *尼采原注：*葛孛迩(Gustave Gerber)《作艺术用的语言》(*Die Sprache als Kunst*)
    (比得哥墟,1871)就这方面作了详尽的采集。

四、表达风格之纯正、明净、得体

[谈及]"纯正"(Reinheit),惟与一民族高度发达的语言鉴赏力相系,其在上流社会,特别是在贵族阶层及素有教养者中间,确立起来。何为土话、方言及普通话,于此才得以裁定;就是说,"纯正"确确实实是社会上素有教养者的惯常用度,其经由此惯用而获得认可,而"驳杂"则是惹人注意的另类之物。如此,"不显眼"便是纯正的。也有言语自身既非纯正,也非驳杂的。一个极其重要的问题便浮现出来,纯正感如何逐渐形成,素有教养的社会如何作出抉择,来适切地界定整个范围。社会在此显然依无意识的律则及类比而行事:实现了稳定纯一的表达;正如方言与一个种族的特定群落相应,得到认可的"纯正"的风格也与上层社会相符。

语言生长发展期间,言语的"纯正"[无从谈起];[只能就]业已确立的语言[来谈论"纯正"]。不合规范的用语,屡经重复,最终便改变了语言;如此,通用语言(koinē glōssa)遂产生了,继而形成拜占庭的罗马语言(rōmaikē glōssa),最后出现完全不合规范的新希腊语。有多少不合规范的用语以这般方式运作着,使罗马语言脱胎自拉丁语而生长发育,人们可曾知道? 也正是经由这般不合规范、文理不通,规则限制精严的法语脱逸而出！

　　言谈之纯正，明净（katharōn tēs lexeōs），作为一项总要求，不仅含具着语法的正确，而且涉及对词语的适当选择。亚里士多德（《修辞学》，3，5）说：言谈的基点是使用纯正的希腊语（archē tēs lexeōs to hellēnizein）。晚期的演说家以纯正的古雅典希腊语的雅洁风格展开，到了做作的地步。康尼蒂修（Cornificius）（4，12，17①），同样也强调纯正的拉丁语风格（latinitas），使言语摆脱文理不通，句法错误，不合规范，词形变化的暴力（西西里梭娄 Soloi 这一雅典殖民地使用的语句就具有极其蹩脚的希腊语的特征——斯特拉博 Strabo，14，2，28 ②）。不合规范者，如下：

　　　　1. 字母或音节的添加（prosthesis）：譬如 Socratēn 以代 Socratē（苏格拉底），relliquiae 用作 reliquiae（遗馀），即为字母的添加（adiectio litterae）。

　　　　2. 词首或其他位置的字母消去（aphairesis）：譬如 Hermē 以代 Hermēn（赫耳墨斯），pretor 用作 praetor（领袖），此为消去字母（detractio litterae）。

　　　　3. 字母的替换（enallagē）：譬如 ēdynamēn 以代 edynamēn（第七个字母 ē 替代第五个字母 e），此即字母的易换（immutatio litterae），倘若我们把一个字母发作另一个音，就像 arvenire 发为 advenire（到达），便是这情形。

　　　　4. 字母的易位（metathesis）：如以 driphon 作

---

① 指《致赫瑞尼翁》（Auctor ad Herennium）一书。
② 指其《地理学》一书。斯特拉博，64?BC–23AD，古希腊地理学家和历史学家。

diphron（发送）；字母的质变（transmutatio litterae），如以 Evandre 代 Evander。

5. 两个音节缩约（synaloiphē）：米南德（Menander）①用 ho thateros 替代 ho heteros（另一位），因为两个元音的融接 thateron（另一样）只能指涉中性。

6. 将一个音节分成两个（diairesis）：譬如以 Dēmosthenea 替代 Dēmosthenē。

7. 拉长或扩展元音（kata tonon），譬如 boulōmai 用作 boulomai。

8. 音节的拍子或长短不当（kata chronous）：譬如 stetĕruntque comae（steterunt 中第二个音节通常含有一个长元音音值）。

9. 让人难受的送气音（kata pneuma）：譬如以 haurion（有着粗重的送气音或 h 音值）替代 aurion（无送气音，没有 h），ome 以代 home（人），chorona 以代 corona（花环）。

此外，还有第二种类型，文理不通（Solöcismen），以及第三种类型，不确的习语（akyrologia），避而不用同义词。这区分始自廊下派。

不确的习语是相对于明净来说的主要过失，它忽视了辞语的得体。谈及得体，从修辞学意义来说，指的是最为完善地意指事物的表达方式，以辞称意，精切无两（quo nihil inveniri potest significantius）（昆体良，8，2，9）。总是以照平常用法确立起来的

---

① 雅典剧作家，342-292BC。

恰当而普通的辞语(kyria te kai koina kai en mesōi keimena)①来表达思想,避而不用比喻,依旧赋予论题美观、饱满、堂皇之象,吕西阿斯(Lysias)②于此尤受赏赞。隐晦的形成,源于运用古意盎然的辞语和表述,③也出于晦涩的专门术语,纡回不尽的理路,交叠的词序,插入的段句,双重含义(amphiboliai),索解无门(adianoēta)(彼处,浅白的辞语之后隐含着截然不同的意义)。演说家不光光需着意于人们能够理解他的地方,还要倾力于人们必须理解他的方面。叔本华(《附录》II,436页及下页)说:

> 晦涩和含混总是且首先是个不良的标记。因为它多半源于思想的模糊,依次追溯上去,模糊本身几乎总是出自思想原本带有的不相辅相成,不连贯有序,乃至于虚妄。

> 他们构织的言语,难解、晦涩、缠夹不清、模棱两可,几可断定他们并不真正知道自己想要说什么,而只是对自身思想的挣扎有模糊的意识而已:他们实际上没有说什么东西,这点,他们也总是想对自己及他人隐瞒住。

> 每种过度都引致某类后果,此后果通常正与意愿

---

① 参见哈利卡纳苏的狄奥尼修斯(Dionysius of Halicarnassus)《吕西阿斯论》(*On Lysias*),11。

② 雅典演说家,445? -380? BC。

③ 尼采原注:道明何为古语辞通常是难的;艾德阆(Adelung)将以下所列归为古语辞:heischen(要求),entsprechen(符合),Obhut(保护),bieder(正直),Fehde(敌对),Heimat(家乡),stattlich(壮观的),lustwandeln(散步),befahren(航行),Rund(穹隆形),Schlacht(战役),Irrsal(乖谬);将下述归入不可接受的旧词新义:sich etwas vergegenwärtigen(想象),liebevoll(可爱的),entgegnen(答覆),Gemeinplatz(老生常谈),beabsichtigen(意欲),Ingrimm(强压的盛怒),weinerlich(眼泪夺眶欲出)。

相反,同样,词语的确用于使思想让人领会,然而惟有恰到好处方可。词语堆积起来,超出了这个限度,就使得交流着的思想愈趋晦涩……每个多余的词语都与其意图南辕北辙:一如伏尔泰所言,"形容词是名词的敌人。""让人厌烦的秘诀是上天入地任扯一气。""简省佳言,总比絮聒无谓之辞要好。""凡漫无边际之言,皆生反效果。"

表达的第三个要求是呈现方式的得体,是妥帖之辞(oratio probabilis),无过,无不及,恰居正确之地;依亚里士多德之言(《修辞学》,3,2),风格(lexis)必须恰到好处(prepousa)。须避免这样一些不当之处:

1. 粗俗(kakemphaton)或淫秽(aischrologia)。淫秽借音节的临时分隔或关联而呈露出来,如 cum notis hominibus loqui 或 cum Numerio fui。①

2. 减损(tapeinōsis)或降低(humilitas)。事物之崇高或尊贵将由此蒙受减损,峭壁顶端边沿赘生瘤样岩石(saxea est verruca in summo montis vertice)。不能称凶杀者为无赖(nequam),也不能把与交际花有私情的人称作流氓(nefarius)。

3. 缩略(meiōsis):就完整性而论,有一些(缩略)在这点上是不当的。

4. 同义反复(tautologia):同样的词语或观念的重复。

---

① 此例出于昆体良《演说术原理》(8,3,44-45)。

5. 同义词并用（synōnymia）：将已说过者用别的表述方式重复一遍。

6. 风格的千篇一律（homoiologia）：缺少变化；单一。

7. 冗长的言语（makrologia），使用不必要的词语（longior quam oportet sermo）。

8. 赘述，此际我们的风格满是附赘悬疣的语辞（Pleonasmus, cum supervacuis verbis oratio oneratur）。我们的"添加物"属骈拇枝指（paraplērōma）之类。谈及亚洲演说家，西塞罗用了诗意的装填物（complementa numerorum）一语。

9. 雕琢过甚（periergia, supervacua operositas）。

10. 使用让人不自在的做作风格（kakozēlon），一种与常情相悖的倾向；风格显得"矫揉造作"（我们称之为"摛辞抒藻"或诗体散文）。它源于使文体铺饰得过分绮丽的癖好：运用诗体的构词法，浮华的表达方式，过量的修饰语，太牵强的隐喻；呆板的风格（to psychron）亦属此列（亚里士多德《修辞学》，3，3）。

11. 不作结撰（to anoikonomēton），布局拙劣。

12. 散乱无状，不事排布（aschēmaton），修辞手段贫薄。

13. 不擅编排（kakosyntheton），拙于安置。

方言的混融（sardismos），指阿提卡方言和多利斯方言、爱奥尼亚方言及伊奥利亚方言的混融；然后为风格类型的浑和，指粗俗与高雅的合成，旧和新的交织，诗性同日常的拌匀。为了得体地言说，不仅须关注何者有效，且亦须留意何者适切。可照此评定苏格拉底的申辩。①

---

① 柏拉图《苏格拉底的申辩》道:"雅典的人们,控告我的人是怎么影响你们的,我
不知道。可我自己也有点茫然自失了,他们说得可真是充满说服力。而他们说
的话里,简直没有真话。他们信口雌黄,有一句尤其让我惊讶,就是所谓,你们
必须小心被我欺骗,因为我说话很聪明。他们真不害羞,不怕会被我用事实马
上驳倒,即,我无论如何不像说话聪明的——这在我看来是他们做的最可耻的
事——除非是,他们把说真话叫作说话很聪明。而如果他们这么说,我会承认
我是个演说者,但不是他们那种。而这些人,如我所说,他们说的话里,很少或
根本没有真的,但你们听我说的都是真的。宙斯在上,雅典的人们,你们听我说
的并不像他们精心设计的词句那样,不是刻意修饰的辞令和名目,都是我临场
口占的字句——我相信我说的是实事求是的——你们中谁也不要期待别的说
话方式。当然,诸位,在我这个年纪,是不该像孩子一样到你们这里来胡扯了。
雅典的人们,我热切地求你们、恳请你们,如果你们听到我申辩的这些话,觉得
和我在市场上的钱庄柜台边或别的地方常说的是一样的(你们中很多人在那里
听到过),你们不要因此而惊讶或叫喊。因为是这样:现在我第一次到法庭上
来,已届七旬,垂垂老矣。对于这里的言辞方式,我完全是个门外汉。比如,要
是我在这儿真的是一个外邦人,你们一定同意我用从小习惯了的口音和方式说
话,那么,同样,我现在向你们提出这个正当请求——至少在我看来,它是正当
的——你们不要管我的说话方式(它也许更糟,也许更好),只是看我用这个方
式讲出来的想法,看我说得是否正当。这是法官们的德性,而演说者的德性就
是说真话。"(柏拉图,《苏格拉底的申辩》17a1–18a5,吴飞译,收于刘小枫主编,
《柏拉图中短篇作品集》,华夏出版社,即出)
　　"雅典的人们,你们也许认为,我很难用语言说服你们,来赢得你们——好
像我认为需要用一切言行来逃出这个案子。根本不是。我很难赢得,不是因为
缺少语言,而是因为缺乏勇气和无耻,我不愿对你们说那些你们最喜欢听的话,
我不哀悼,不悲恸,不做也不说别的很多我认为不合我的品行(如我所说的),
而你们习惯从别人那里听到的那些。我认为,我不该因为危险而做自由人不该
做的事,而且我现在也不后悔做了这样的申辩,我宁愿选择这样申辩而死,也不
选择那样活着。"(同上,38d2–e5)
　　尼采《悲剧的诞生》第十三节写道:"被称为'苏格拉底之守护神'的那种奇
异现象向我们提供了一把打开苏格拉底本质之门的钥匙。在他的非凡理智陷
入摇摆不定的特殊情况下,他通过一种在这样的时刻发出的神圣之声而获得了
一个坚实的支撑点。这个声音来临时,总是进行劝阻。本能的智慧总是只出现
在这种完全异常的天性中,以便时不时阻挠性地对抗有意识的认识。尽管在所
有具有创造性的人那里,本能恰恰是创造、肯定之力,意识显示出批判性和劝阻
性;而在苏格拉底那里,本能变成了批评者,意识变成了创造者……在他身上,
逻辑本性通过一种多余的添加而被过多地开发,就像在神秘主义者身上那种本
能智慧的情况一样。而另一方面,那种在苏格拉底身上出现的逻辑 (转下页)

　　这种种缺陷（vitia）也呈现为装饰性，过后在装饰（ornatus）的类目下呈现为夸大。

　　此外，演说是否得体取决于如此数端，为了何人，于何人中

（接上页注①）本能却完全不能针对自己；在这种无拘无束的汹涌奔腾中，他显示出一种自然力……任何人只要从柏拉图的著作感觉到一点点苏格拉底生活志向的那种神圣质朴和自信，他就也会感觉到逻辑苏格拉底主义的巨大驱动轮如何几乎就在苏格拉底的背后转动着，而且这一切如何必然会通过苏格拉底而被看到，就像通过一个影子一般。而他自己预感到了这种关系，这一点表现在那种庄严隆重的态度上，他到处，甚至在法官面前，也用这种态度来提出他的神圣使命作为理由。"（杨恒达译，南京：译林出版社，2009，页82-83）

　　第十四节写道，柏拉图"在对悲剧和艺术的谴责中，一般来说无疑没有停留在他老师的单纯挖苦背后，而一定是完全出于艺术的必然，创造出一种恰恰与他所拒绝的现存艺术形式有着内在联系的艺术形式……柏拉图的对话，它产生于所有现存风格、形式的混合，游荡于叙事、抒情、戏剧之间，散文和诗歌之间，从而也打破了统一语言形式的严格早期法则……苏格拉底，这位柏拉图戏剧中的辩证法主人公，让我们想起了欧里庇得斯主人公的类似本性，欧里庇得斯主人公不得不用正反理由来为自己的行为辩护，于是如此经常地陷入失去我们悲剧性同情的危险。因为辩证法本质中的乐观因素是一目了然的，它在任何结论中得意洋洋，只有在冷静的一目了然和有意识状态下才能呼吸：那种乐观因素一旦入侵到悲剧中，就必定渐渐覆盖酒神领域，必然驱使酒神领域实施自我毁灭……但是苏格拉底自己深刻的生活经验迫使我们提出这样的问题：在苏格拉底和艺术之间，究竟是否必然只存在一种对立关系，一个'艺术的苏格拉底'的诞生究竟是否本身就是某种充满矛盾的东西。因为就艺术而言，那种专横的逻辑学家是不是感到一种缺憾、一种空虚、一种部分的责备，一种也许被疏忽的义务。他在监狱中告诉朋友说，经常有同一个梦中形象出现在他面前，始终对他说着同样的话：'苏格拉底，从事音乐吧！'他直到最后的日子都用这样的看法来安慰自己：他的哲学思辨是最高的缪斯艺术，并不真正相信一个神会提醒他那种'平庸而通俗的音乐'。最终他在监狱里勉强同意了从事他不尊重的那种音乐，以彻底减轻他良心的负担。在这样的思想态度中，他用诗写成一篇献给日神的序文，把几个伊索寓言改写成了韵文。驱使他从事这种训练的，是某种类似于守护神告诫之声的东西，是日神让他认识到：他像一个野蛮人国王一样不理解一个高贵的神像，正处于对神灵犯下罪过的危险中——由于他的不理解。苏格拉底梦中形象的那些话是关于逻辑本性之界限的一种思考的唯一迹象：也许——他不得不如此自问——我所不理解的事情未必马上就是非理性的东西吧？也许存在一个逻辑学家被驱逐出境的智慧王国吧？也许艺术甚至就是知识的一种必要的关联物和补充吧？"（同上，页86-88）

间,在何时,居何地,为何因。对此,上了年纪的修辞学者和年轻人是不一样的。吕西阿斯在这方面让人钦佩,他调整言辞,以适应演说家的身份,也和听众及主题相顺遂(哈利卡纳苏的狄奥尼修斯《吕西阿斯论》,13)。有许多事品本身很上档次,却不能显得适切,——在事关生死的审判中,对措辞布藻的风格和艺术付出过大的注意力,是不入情理的。词藻富赡的演说,要求修饰,甚于对论辩的需求。文类(genera)的纤细毕现的区分乃至于引致表达上的体裁主义(mannerism):昆体良(3,8,58)抱怨道,就说服(suasoria)而言,有些慷慨激昂的演说者喜欢采用汹涌莽烈的发端,疾促激动的言语,雕缋满目的措辞,在各个方面都偏离了庭辩的说服目的。

如此,总的说来,纯正与明净无处不在;然皆依地点、情景、演说者及听众而改易。风格的动情效应,要求着收放有度的表达,近乎音乐之境,彼中同一无变的节奏贯穿于整一首乐曲,然而极细微的变异自是必要的。具个性的风格是雄辩家的艺术专营地:他在其中从事着随物赋形的艺术(a free plastic art);语言是已然备就的材料。雄辩家是位模仿艺术家;他言说,一如演员,扮演他不熟悉的角色,或身处陌生的境地:举手投足,一言一语,都恰到好处地驾驭着他的对象,也就是说,以其特具的风格样式起着作用,令人折服,入其彀中。——在此,这是基本的信条。听众恰是据此仪度而将其看做发乎天然,为丝丝入扣的得体,浑然天成,无斧凿痕。不然,每有偏离自然之处,听众就随之注意到人为造作,对展开的论题内容就起了怀疑之心。雄辩家的艺术绝不能让人为造作处凸现出来:如此,具个性的风格终究愈发是最高级的艺术品,恰似优秀演员的"自然态度"。真正的雄辩家演说,发自其所展呈的人或事的精神特质(ēthos):他创制最佳的辩护和论争(通常说来,唯有自我中心才能发现它们),抉发最能折服人的言辞和举止;雄辩家之卓异处,乃在经由艺术、角色换易、于角色上往复盘旋的审慎,才发现并仔细考虑其优势,此优势为代表每位法人、诉讼之每一造的最雄辩的律师所居,也就是说,只有自我中心方能察觉。这是自我的转换,与剧作家所特具者一般无二。① 歌德称言,在索福克勒斯剧中,所有知名人物都是最佳雄辩家,因为他们开口言说之际,其理由是最为正当,无懈可击,人们总获得这样的印象。这显然是具个性之风格的力量,据索福克勒斯本人的记述,他步入成熟之后,就凭借这般风格力量而出了名。

---

① 尼采《悲剧的诞生》第八节道:"一个人只要感觉到要改变自我,有要到别人身体和灵魂中去向外说话的欲望,他就是戏剧家。"(杨恒达译,南京:译林出版社,2009,页50)

五、与修饰言语相涉的典型言语

　　某人为自己或为某事辩护，口里说出的言辞必须呈现为得体和自然：如此，人们不必想到替代艺术，①因为听众会起疑心，并提防受骗。修辞学里因而也有"摹拟的自然"，用作说服的基本手段。只要演说者及其语言两者间恰相榫合，听众就会相信他的诚挚（Ernst）及所辩之事的真实性（Wahrheit）：彼对演说者兴致益然，并相信他。——也就是说，演说者本人就应相信所辩之事的真实性，如此才会有由衷的诚挚。"得体"因而意在道德效果，明净与纯正则旨在理解作用：后者想要让人明了，前者希望被看做诚挚。"纯正"已然是对何谓典型之物的有点儿造作的界定了；因为在许多人的嘴里，文理不通和不合规范对道地的幻想形象来说也是必不可少的［这就使人想起莎士比亚让门房和奶妈出场的方式，或《奠酒人》（Choephori）②中的克黎莎（Kilissa，意为西西里女人）的情景］。所以，要制伏典型之物，首先靠着移入语言的文雅之域，其次经由"言语修饰"这总要求。

---

① 尼采或指修饰言语对典型言语的替代。
② 埃斯库罗斯所作悲剧。

这可从古人的竞赛(agonalen)倾向得到解释,个人凡在公众场合出现,都是一种竞争:然而适合于格斗者的武器,不光是精强,而且应寒光闪闪(glänzende)。人们操纵武器也不仅要和谐自如,还要优美;不仅要赢,而且要"优雅地"赢,不只是取得胜利,这是一个尚武民族的必备条件。除了产生"合理且诚挚"的效果,优胜者的印记,诸如竞赛形式的畅放自如,庄严堂皇,优美雅致,亦须呈现出来。如此,修辞艺术的真正秘密乃在于诚挚与艺术性两者的审慎明智的结合。无论何时,一旦不加修饰地模仿"自然性",就会冒犯听众的艺术鉴赏力;相反,不管何处,一味寻求纯粹的艺术表达,则将动摇听众对其的道德信任。它是在审美和道德的边界上的运作:步入任何一边,都会功亏一篑。艺术魅力须与道德信任榫合起来;但它们不应将对方的力量相互抵销:格斗者赢来赞美(admiratio)是说服(pithanon)的主要手段。西塞罗致书布卢图斯,道:雄辩引不来满堂喝彩,照我看来,就不配叫那名称(nam eloquentiam, quae admirationem non habet, nullam iudico)。他在《论演说家》(De Oratore)(3,14, 52)中说:

　　……没有人曾就文法正确而赞美演说家,若是他的文法糟糕,他们只会嘲笑他,不光认定他不是什么演说家,甚且算不得一个人;讲演者的风格成功地让听众明白了他的意思,谁也不曾对这类人唱赞歌,要是他没有能力做到这一点,则只会鄙视他。那么,谁是给大家带来激动的人呢? 谁讲话时大家惊奇地凝视着他呢? 谁被叫好声打断呢? 谁可以被认为是人中的偶像呢? 就是那些人,论题和言辞清晰,明确,完美,条理分明,而且即时的演讲风格中几乎呈现出韵律和节奏来——

他们的风格，就是我所称的艺术化。与此同时，他们收放有度，令事和人都不失庄严之态，那么，这是得体的演说，他们承受得起这份赞美。

典型之物（das Charakteristische），在此几乎呈现为对美的界定：①虽则美通常被看做对典型之物的一种界定。《关于演说家的对话》（*Dialogue on Orators*）（22）的作者②就此说得好：

> 我个人的看法，以为演说家就像富足而威严的家长，应居于某室，此室风雨不入，而且悦目；他应具备满足其基本需要的家具，而且在其斗架上多有黄金和宝石，以使人们时而想摩挲一番，赞羡地注视它们。

什么装饰都没有（23），绝不会被看做是十足健旺的标志；据说有些可怜的演说家，什么优雅的风度也没有，引以为荣的生命活力，不是出自强壮的体质，而是归功于饥饿疗法。

> 医生对只是通过忧念自身的健康而维持着良好状况的人不多赞一辞。光保持不生病是不够的；我喜欢男人精强苗壮，酣畅豪放，活力沛然。倘若健康是你能给他的全部赞词，则他离病弱也不远了。

---

① 尼采原注：一如昆体良（1，5，1）所说：就许多情景而言，在优雅这一名目之下，把得体的所有重要性质都包括进去了（quia dicere apte, quod est praecipuum, plerique ornatui subiciunt）。首先是：风格具有三种秀异质素，正确，明晰，优雅（iam cum omnis oratio tres habeat virtutes ut emendata, ut dilucidata, ut ornata sit）。
② 指塔西佗。

对他来说,美几可比拟于健康之花(21):

> 雄辩一若人的身躯:彼处静脉凸起,或肋骨历历可数,则毫无形式之美可言;健旺的血液须流布四肢,肌体健壮,面色红润,一切都呈现为美。

另一方面,西塞罗(《论演说家》3,25,98)指出了感官的极度喜悦如何与极度厌恶相邻接:如此,也会有和修饰(ornatus)相连而来的较大的危险。言辞首先须提供荫凉处,休息地,以避免出现单调乏味,也要使明耀面凸呈出来。(如哈曼所说:"明净是明与暗的恰当分布。"①)

昆体良描述了修饰的一般性质:"修饰乃是对仅为明晰得体之物的超越"(ornatum est, quod perspicuo ac probabili plus est)——如此,便是明净和得体性质的加强(或变异)。文法的正确性无法加强,但经由对传统表达方式的偏离,可将其变异,然而它依旧是正确的,并引致让人愉快的口味变化(譬如古风形式和表达)。所谓文法的变异即属此类。于是凭借转义,就有了对得体的偏离。通过使用譬喻和比拟,或表达的极度简练,或汪洋恣肆,增强了明净。如此,格言和种种修辞格做为言语的艺术手段,可强化其得体的程度。

然而一切修饰都必须具阳刚之力,堂皇,纯正,避免纤柔的花腔,仿造的饰品。虽则完美与瑕疵之间的分界区域在此极为狭窄。就言说的节奏(numeri orationis)而论,这点尤为紧要:古人甚至对散文体的言辞也要求诗体的节奏;就是说,完整句句尾处为喘息留出时间,依据节奏性(numerus),而不是依循疲乏感

---

① 此语引自 Johann Georg Hamann(1730-88)1776 年 1 月 18 日致 F. H. Jacobi 书。

或标点符号,来安排完整句句末的停顿。这些节奏又与声音的韵律特征(modulatio)相关联。但倘若这样,一种真正的诗体必定会被看做是错误的。而且正是由于这点,完整句的结构配置方缜密地衔接起来。完整句的首尾尤为重要;它们敲击听觉,强劲之极。

如是,修饰就有赖于人们将得体转入美之律则的更高领域;它是典型之物的变形,首先经由将典型之物内不大崇高者消除掉,继而通过把崇高与美这些典型之物的特征强化。修饰相对来说是种提高了的自然,与普通的自然性迥然相异;再创造和质的变化,与仿造和摹拟截然不同。

六、纯正的变异

　　因为诗人(据亚里士多德《修辞学》3,1 的说法)凭借其语言的魅力,看来已经获得了这般盛誉,且置其平平常常的思想观念不论,则第一流的言语就是诗的言语了。甚至到了今日,大多数没受过什么教育的人依旧认为这类演说家的吐属皆为珠玉。①

　　高尔吉亚想要给言语增添魅力,恰似诗人所具的那种魅力:他不接受伊索克拉底的法则,彼等只准使用普通的词语。言语之庄重,具诗性,此一类型的始作俑者,即是高尔吉亚,使之完善者,以修昔底德为代表。

　　依哈利卡纳苏的狄奥尼修斯的看法,修昔底德酷嗜通体古式的风格(lexis apērchaiōmenē)和布满废弃不用之词的风格

---

① 亚里士多德《修辞学》3,1 道:"诗人首先推动了用语的艺术,这是很自然的事。因为词汇或名称是一些摹仿,而声音也是我们的所有器官中最适于用来摹仿的官能,诗人掌握了它们。由此产生了诵读、表演及其他各门技术。诗人的话尽管没有什么内容,却似乎靠在用语方面的功夫赢得了好名声,由于这个缘故,用语艺术最初也带有诗的风格,例如高尔吉亚的用语艺术。直至如今,大多数没受过教育的人还认为这种演说家的辞章妙不可言。"[采罗念生译《修辞学》第149 页及颜一译《修辞术》(《亚里士多德全集》第九卷,中国人民大学出版社1994 年版)第 495 页之译文]

（glōssēmatikē）。① 彼时雅典的公众讲谈，已不再用他那般的语言了：他坚持使用趋于绝灭的词语，诸如古阿提卡方言②的 prassō［从事或产生，即后来的 prattō］，xyn［连同，及，即 syn］，es［向……去，即 eis］，tetachatai［布阵，tassō 的第三人称复数现在完成式]之类。修昔底德觉得通用语言与他不配，同其主题亦不称。他以新颖殊特的形式，非同寻常的结构，展示其对语言的运用能力。以纯正简易闻名的演说家罕有使用古旧废弃之词（glōssai）的，也极少用新颖的结构（pepoiēmena），复合（composita dipla）或综合（syntheta）的结构。只有在庄严的段落才使用。

随意乱用僻词，毫无确定的目的，此际，即暴露了技术训练的欠缺，譬如就安多基得（Andocides）③来说，便是如此：风格变得驳杂起来。（在此可感受到悲剧诗人的语言的重现。）

安提丰（Antiphon）④则是颇为自觉地借助于古旧用法，譬如 ss，⑤以寻求庄严气象，而伯利克勒斯（Pericles）则已适应了在公共演说中使用现代方言，喜剧显示了安提丰时代人们如何在公众场合讲话。安提丰在《技艺》（Technē）⑥一书内，就新词构造形式进行了规定。他在明晰的界限下，将新颖及不寻常之辞所具的一切魅力尽行装点其言语。［可发现］许多极为罕见的用法（hapax legomena），还有分词和形容词的中性形式作名

---

① 参见哈利卡纳苏的狄奥尼修斯《修昔底德论》（*On Thucydides*），2。
② 古雅典人使用的希腊语。
③ 雅典政治家和演说家，约 440-391BC。
④ 希腊阿提卡十大演说家中最早的一位，约 480-411BC。
⑤ 就如上面提及的 prassō。
⑥ 指《驱烦术》。伪普卢塔克《十大演说家传》谓安提丰"发明一种解除痛苦的治病技术，他在科林斯市场附近购置了一个房间，贴出布告说他能用语言治病。他的办法是询问病因，然后用语言安慰病者"。（DK87A6）（见汪子嵩等著《希腊哲学史》第二卷，人民出版社 1993 年版，第 84 页）

词用。

罗马人对古体表达方式的偏爱,则始于罗马帝国时代,萨卢斯特(Sallust)①提供了范例,此风遂骤长。奥古斯都(Augustus)在一信函内指摘提比略(Tiberius)②有时候搜求废旧而酸腐的表达方式(ut exoletas interdum et reconditas voces aucupanti)(苏埃托尼乌斯③《奥古斯都》,86)。塞涅卡④谈及其同时代人(《书简》,114,13),道:

> 许多演说家在词汇方面复古,讲十二铜表法⑤的语言。在他们看来,格拉古、⑥克拉苏、⑦库里奥⑧过分精致了,太时髦了;因而回复到阿皮乌斯⑨和科鲁尼卡尼乌斯(multi ex alieno saeculo petunt verba: duodecim tabulas loquuntur. Gracchus illis et Crassus et Curio nimis culti et recentes sunt, ad Appium usque et ad Coruncanium redeunt)。

这对败坏了的趣味是个刺激。西塞罗被认为是破毁纯正地

---

① 古罗马历史学家和政治家(86-34? BC),全名 Gaius Sallustius Crispus,曾任财务官、保民官,后投奔 Julius Caesar,任努米底亚总督(46),有史著《喀提林战争》、《朱古达战争》。

② 其(42BC-37AD)军功赫赫,五十六岁继岳父奥古斯都帝位(14-37AD)。

③ Suetonius(69-104),古罗马传记作家。

④ Lucius Annaeus Seneca(4BC-65AD),古罗马哲学家(著《天命论》《忿怒论》《幸福论》)、政治家(尼禄之师,后因受谋杀尼禄案的牵连而自杀)、剧作家(作《美狄亚》、《俄狄浦斯》)。

⑤ 公元前 451-450 年罗马法律。

⑥ 古罗马政治家(163-132BC)。

⑦ 古罗马政治家、统帅(115-53BC)。

⑧ 古罗马政治家(? -49BC)。

⑨ 古罗马早期伟大的社会改革家,活跃于公元前 5 世纪。

道的拉丁语的祸首;和谐匀称遭到憎厌。就我们熟悉的古体而言,这是个极重要的时期,有许多体式是从格利乌(Gellius)那里获得的。弗隆透(Fronto)则是最为愚蠢傲慢的代表。

　　古典时期与古体的关系,全然脱离了这病变阶段。固定的界线(termini)是:纯正拉丁语(latinitas)(非拉丁语者,排除在外),雅言(urbanitas)(凡拉丁语之俗语土言,排除在外)。帕多瓦方言特征(patavinitas),以雅言为标准来看,是个缺陷,阿西尼乌斯·玻利奥(Asinius Pollio)曾就此指摘李维(Livy)。① 一般说来,每个奇词僻字(insolens verbum)都要避免。恺撒(Caesar)道(据马克罗比乌斯② I,5,4):我应避而不用罕僻的词,因为我是磐石(tamquam scopulum sic fuge insolens verbum)。西塞罗(《论演说家》,3,25,97)道:我提醒你,要避免枯瘠而粗野的文风,摒弃粗俗或废旧的表述(moneo ut caveatis ne exilis, ne inculta sit vestra oratio, ne vulgaris, ne obsoleta)。瓦罗③有意识地保留古体,萨卢斯特则有着做作之态。西塞罗(《论演说家》,3,38,153)激烈地告诫要摒弃用语中的古体,然而也说倘若运用得恰到好处,就会赋予言辞庄重之色;他不惮于说 qua tempestate Poenus in Italiam venit(布匿人何时进入意大利),prolem(后代),sobolem(后裔),effari(吐露),nuncupare(宣告),non rebar(我不以为),或 opinabar(我曾认为)。④ 如此,昆体良

---

① 参见昆体良(1,5,56)。李维(59BC-17AD),古罗马历史学家,著罗马史一四二卷,记罗马建城至公元前9年之史事,大多佚失。他诞生于帕多瓦,史著内呈现出了此地的方言特征。

② Macrobius 著有《神农节》,评注西塞罗的一些作品。

③ Marcus Terentius Varro(116-27BC),古罗马学者,博古家,讽刺作家。有涉及各学科著作六百二十馀卷,今仅存较完整的《论农业》及《论拉丁语》、《梅尼普斯式讽刺诗》残篇。

④ 尼采原注:有关这种类型的更明确的资料,参见昆体良《演说术原理》,8,3,25。

（1,6,39 及以下诸页）所言，便是容易理解的了，他道，言辞若需要解释者（si egeat interprete），即有缺陷，古体之词（verba a vetustate repetita），就其庄重与新颖兼具而论，确是峻拔秀异，但：

> 使用此类词语必须有所节制，不必强行引起我们的注意，因为没有比矫饰做作更让人讨厌了，尤其是不必从遥远得记忆不可及的年代引取：我指的是这类词，topper（十分），antegerio（极度），exanclare（耗竭），prosapia（族裔），以及战神马耳斯之祭司的赞美诗的语言，此语言现今连其自身的祭司也几乎不能明白了（opus est modo, ut neque crebra sint haec neque manifesta, quia nihil est odiosius adfectatione, nec utique ab ultimis et iam oblitteratis repetita temporibus, qualia sunt topper et antegerio et exanclare et prosapia et Saliorum carmina vix sacerdotibus suis satis intellecta）。

旧世的魅力（archaismos）这词出现于狄奥尼修斯（《言辞联缀论》，22），继而也有拟古（archaizō），运用古风（archaiologein），旧体（archaioeides），古雅之美（archaikon kallos）之类。

词的新构成（pepoiēmena onomata, nova fingere）。西塞罗（《论演说家》，3,38,152）谈及僻词或新造词（inusitatum verbum aut novatum），在《演说家》（24）内，讲到勿擅用新词，慎用古语（nec in faciendis verbis audax et parcus in priscis）。"新词"（Neologismus）与"独白"（Monolog）、"传记"（Biographie）一样，都不是希腊词语。希腊人在这点上愈加自由不拘。昆体良说：

> 新词的创制在希腊是允可的，因为希腊人毫不迟

疑地创制名词来呈现特定的声响和情感，他们其实还比不上先人给事物命名所持的自由之大呢（Graecis magis concessum est, qui sonis etiam quibusdam et adfectibus non dubitaverunt nomina aptare, non alia libertate quam qua illi primi homines rebus appellationes dederunt）。

在古罗马人看来，这是令人疑虑的。塞尔苏斯（Celsus）①禁止修辞学者利用新词。西塞罗成功地对哲学术语作了转换：将 beatitas（幸福）和 beatitudo（怡乐）引入了《论神性》（De Natura Deorum, 1, 34, 95）内，就词语而言：两个当中随便哪一个都必定是生硬棘口的，但经使用，词语会软化（utrumque omnino durum, sed usu mollienda nobis verba sunt）。塞尔吉乌斯·博拉维乌斯（Sergius Flavius）引入了 ens（是者）和 essentia（本质），但就第二个词，塞涅卡（《书简》, 58, 6）以为源自于西塞罗和帕皮里乌斯·费比安乌斯（Papirius Fabianus）；墨萨拉（Messalla）最先使用 Reatus（被告）一词；munerarius（剑士或辩士的表演），由奥古斯都首先采用，未几，即得到普遍使用；昆体良的老师们还认为 piratica（海盗）一词的用法不合规矩。西塞罗以为 favor（善意）和 urbanus（文雅）属新词；他指摘 piissimus（无上的虔诚）一词（此为安东尼乌斯所用，这在白银时代②的拉丁词语中就完全是规范的了）；在塞涅卡时代，采用了 breviarium（摘要），以替代 summarium。西塞罗以为 obsequium（遵从）是泰伦斯（Terence）③首用的新词（但布卢图斯

①　公元 1 世纪罗马百科全书编纂者，今仅存《医学》篇。
②　指公元 1 世纪的古罗马拉丁文学时代。
③　其拉丁语名为 Publius Terentius Afer（186? –161BC），古罗马喜剧作家。

和奈维乌斯①早已用过了）。霍廷西乌斯②第一个以单数形式
使用 Cervix（脖子）一词。昆体良便列出了方案：

> 如果我们觉得所造之词有些冒险，就须预先采取
> 特定的措施，使其免于指摘，可将一些习语冠在前面，
> 譬如"可以说"，"倘若我可以这样说"，"在某种意义上
> 说"，或"若您允许我这么使用的话"之类（si quid pe-
> riculosius finxisse videbimur, quibusdam remediis prae-
> muniendum est: Ut ita dicam. Si licet dicere, Quodam
> modo, Permittite mihi sic uti）。

接纳新词所据的理由，却不能规定下来。贺拉斯（《诗艺》，
60）将词语的更易与生命的变化相比拟，③它甚至比生命所呈现
者愈益任意且偶然（70）：

> 如果实际使用允许（因为言语的法则和规范全赖
> 实际使用决定），则许多久已凋谢废弃的词汇还会再
> 抽枝发芽，眼下声名藉藉者亦终将零落（multa rena-
> scentur quae iam cecidere, cadentque quae nunc sunt in
> honore vocabula, si volet usus, quem penes arbitrium est
> et ius et norma loquendi）。

---

① Naevius（约 270–200BC），古罗马第一个乡土诗人和剧作家。

② Hortensius（114–50BC），古罗马演说家、执政官。

③ 其中道："正如森林要更换老叶在残年急景，/最老的叶先摇落，最古的字先凋
　零，/新生的字，象青春的年华，繁荣茂盛。/我们和我们的作品不能万古长
　青。/君不见帝王的事业如今终成泡影。/……人间万事无不朽，语言光彩不长
　明。"（采缪灵珠译诗，见《缪灵珠美学译文集》第一卷，中国人民大学出版社
　1987 年版，第 44 页）

　　在晚期希腊人那里,新词的合成分外地蔓延繁生。这点娄柏客在《普律尼科司》①(600)内有所谈及。选择语言形式的奇妙过程总是持续不断的。在原始而未开化的西伯利亚、非洲和暹罗民族中,可发现历经两至三代即足以使其方言的整个面貌都产生变化。去中非洲的传教士想尽办法把原始部族的语言记录下来,收集了他们的所有词语。他们十年之后再回去,发现这一词典已经过时而无用了。在书面文献时代,语辞演变虽极为缓慢,然而歌德在其长寿的经历中,必定注意到风格的变易及崭新的色调,一再地呈现,令人惊叹。我们现今处在溺于饱读报纸的影响之下,1848 年以来尤为如此。我们必定愈益关切着, 不要让自身的语言逐渐留下粗俗的印迹。

---

① Christian-August Lobeak, ed., Phrynichus Arabius, Phrynichi Eclogae Nominum et Verborum Atticorum, Cum Notis(Lipsiae, 1820)。

七、转义表达

西塞罗(《论演说家》,3,38,155)道,隐喻式的言说方式,虽是在枯乏和窘迫的压力下因不得已而产生,然而以其优美,大受青睐。

　　恰似衣衫创制出来,最初用以御寒,后来方用为身体的修饰,使之优雅,比喻(转义,tropus)源自(欲弥合表达的)捉襟见肘,俟其成为赏心悦目之物,遂通用于世。甚至乡民也口吐"葡萄眼",①莹若宝石的葡萄(gemmare vites),芳草萋萋(luxuriem esse in herbis),丰收(laetas segetes),干渴的田地(sitientes agri)之类辞语。隐喻是种借用之物,其中你取来了你从别的什么地方得不到的东西。②

某词的专门意义(kyriologia),字面表达的用法(kyriolexia),专有名称的用法(kyriōnymia),它们与比喻的表达(tropikē

---

① 尼采原注:ho tēs ampelou ophthalmos。
② 干渴的田地(sitientes agri)这一例子出于西塞罗的《演说家》,而非《论演说家》,系尼采移入。

phrasis)或得体却不合规范的用法(akyron)有着对立处。昆体良(8,2,3)最初把浅俗而符合大众口味者归为得体,我们不可能完全摆脱这一点,因为我们不拥有适合于一切事物的恰当表达;譬如动词 iaculari 特别用在"掷标枪"(pilis)这个意义上,却没有什么特别的动词可专用于投球或一掷千金里。同样,lapidare 有"扔石头"的显义,却也没有专门的词语用来描写丢土块或抛碎陶片。如此,词语的妄用(katachrēsis)便势所必然了。尔后,昆体良又把词语的本义看作得体。譬如 vertex 这词意谓着漩涡,然后指其他以类似样貌旋转着的一切事物,还意指头顶(因盘卷的发式),而此一含意最终生发出山巅的意思来。所有这些事物都可正确地称为 vertices,但此词汇的本有用法却是最初的那一个。如此,本义就似乎是较旧而且明白直接的那个意义。与此相反,让·保罗(Jean Paul)①(《审美入门》[Vorschule der Aesthetik])说的也正确:

　　一如书写中的情形,象形文字要比字母文字古老,言谈中的隐喻也是如此,隐喻乃表示关系,而非指称对象,就此而言,隐喻就是那个较早的词语,只不过这词语不得不渐趋黯淡消失于专有表达中。灵魂的灌注(Beseelen)和化身的呈现(Beleiben)依旧构成了一个整体,因为我与世界依旧是混融的。如此,就精神联系来说,每种语言都是一部消淡了的隐喻的字典。

古人只能把艺术理解为有意识的自觉呈现;缺乏艺术性的隐喻

---

① Jean Paul 为 Jean Paul Friedrich Richter(1763-1825)的笔名,德国浪漫主义和心理小说的先驱。

（此际,字面本义的词语不存在[in quo proprium deest]）,古人（如昆体良）将其归于粗俗而无意识的运用（indoctis ac non sentientibus）。① 然而文雅的人通常也无法要得从心所欲。② 流俗的比喻（转义）源自窘迫和愚蠢,修辞术的比喻（转义）出于艺术和乐趣。这完全是个虚假的对立。于特定的情形,语言被迫使用隐喻,因为缺少同义词,在其他场合,这种运用则仿佛是种奢侈:隐喻显得是个自由生发的艺术创造物,平常的意义则呈现为"本有的"词语,在我们能够将隐喻和较早且通常已被使用过的表述相比之际,这番情景尤为如此。

古希腊人最先用 metaphora 指称隐喻用法（譬如伊索克拉底和亚里士多德）。赫墨根尼（Hermogenes）说,修辞学家称为比喻（转义,tropos）的,语法学家依旧称做隐喻（metaphora）。在古罗马人那里,比喻（转义,tropus）已被普遍接受,虽则西塞罗处[我们仍然碰到]转变（translatio）、改易（immutatio）之类说法,之后是（因势）运行（motus）、惯用法（mores）、模式（modi）之类术语。就比喻（转义）的数目及亚种,有着激烈的争辩;有人算到三十八种或更多些。我们将谈及隐喻（metaphor）,举喻（synecdoche）,换喻（metonymy）,易称（antonomasia）, 声喻（onomatopoeia）, 强喻（catachresis）, 进喻（metalepsis）,饰喻（epithet）,讽喻（allegory）,反喻（irony）,曲喻（periphrasis）,凸喻（hyperbaton）,倒语喻（anastrophe）,旁插喻（parenthesis）,夸张（hyperbole）。对这些类型在逻辑上的合理性,我不作辩明,但我们必须了解种种表达方法。

隐喻是种缩约了的明喻,因为明喻被称为扩大了的隐喻（metaphora pleonazousa）。③ 西塞罗（《论演说家》,3,40,159 及

---

① 参见昆体良《演说术原理》,8,6,4。

② 尼采原注:"银马掌"（hippoi eboukolounto,"silberne Hufeisen"）。

③ 亚里士多德《修辞学》3,4 道:"明喻也是一种隐喻,两者的差别是很小的。诗人说阿喀琉斯'象一匹狮子猛冲上去',这是个明喻;要是说'他这狮子　（转下页）

以下诸页)惊讶地发现,人们即便有极丰富且现成可用的专门表达方式,还是宁愿使用隐喻。跃过唾手可得之物,抓住远引而去者,此被举作为强健之精神的证据,似乎是顺理成章的事。四种情形有待分清:

1. 两类生物,用此取代彼("加图常向希庇亚'狂吠'。"狗取代人。)

2. 此无生命物取代彼无生命物;譬如维吉尔(《埃涅阿斯纪》,6,1):他给舰队松了缰(classi inmittit habenas)。

3. 无生命物取代有生命物;譬如称阿喀琉斯(Achilles)为希腊的防护墙(herkos Achaiōn)。

4. 有生命物取代无生命物;譬如西塞罗(《为利古里亚辩护》Pro Ligurio,3,9)道:你使的是什么剑,图贝罗,法萨卢斯战役你拔剑相向吗? 你剑锋指着谁的身体? 你刺穿那些手臂意谓着什么? (Quid enim tuus ille, Tubero, destrictus in acie Pharsalica gladius agebat? Cuius latus ille mucro petebat? Qui sensus erat armorum tuorum?)

亚里士多德(《诗学》,21)则与之相反,他以这样的方式作

(接上页注③)猛冲上去',这就成了隐喻。由于两者都非常勇猛,因此诗人转义称阿喀琉斯为狮子。……所有受欢迎的隐喻,显然都可以作为明喻使用;明喻去掉说明,就成了隐喻。"3,10道:"明喻也是一种隐喻,差别只在附加了说明;由于比较长,便不那么令人愉快。况且明喻并不把这个说成那个,因而我们心里不会对此加以思索。……只有那些一说出来就让人听懂了,或者刚开始时不懂,但稍过片刻就让人想明白了的那些推理论证,才受人欢迎。"(此处参合了罗念生和颜一的译文)

了区分：一词的常义指称彼物，移彼用作此，即是隐喻，或移属用作种，移种用作属，移种用作种，或依循类比。①②

移属用作种：譬如"我船停泊在这儿"（《奥德赛》，1，85；24，308），因为抛着锚是含在停泊内的种。

移种用作属："奥底修斯做出了一万件崇高的事迹"（《伊利亚特》，2，272。ē dē myri' Odysseus esthla eorgen），因为"一万"这词代表"许多"，诗人于此使用"一万"这一种的表达方式表示"许多"这一属的意义。

移种用作种："拿铜器舀取他的生命"和"用坚韧的铜器切割"。先以"舀取"代表"切割"，而后用"切割"代表"舀取"，两者都是"取走"属下的种。③

依循类比："老年之于生命，一如黄昏之于白昼；如此，可称

---

① 尼采原注：apo tou genous epi eidos, apo tou eidous epi genos, apo tou eidous epi eidos, kata to analogon（然后引了荷马的句子）。

② 亚里士多德区分的四类移用方式，其中对依循类比论述得最多，《修辞学》3，2道："用语的优美，可以规定为明晰。……规范的名词或动词能使用语显得明晰。……转义或隐喻最能使用语变得明晰、令人愉快和耳目一新。此由天授，无法自他人处习得。不过隐喻一如附加词，必须用得恰当。这就要依据类比关系。如果类比不当，就会显出不相宜来，因为把事物彼此放在一起，就能最大限度地显出它们间的相反之处。"采颜一译文，见《亚里士多德全集》第九卷第496-498页。文字微有更动。3，11道："隐喻应当来自与原事物有固有关系的事物，但这种关系又不能太明显，就好象在哲学中一样，只有眼光敏锐之人才能看出相距甚远的事物之间的相似来。"同上第522页。亚里士多德所分四种类型的例句，前面两个取自荷马，后面两个则引自恩培多克勒。

③ 陈中梅译注亚里士多德《诗学》道："这两个片断取自恩培多克勒的《净化》（片断138和143）。第一个片断的大意是：用铜刀杀牲口祀祭。由此联系起来看，第二个片断中的切割的宾语似应为水，大意是：用铜罐装水。"（商务印书馆1996年版，第152页）第欧根尼·拉尔修《名哲言行录》第八卷第二章道："亚里士多德在《智者篇》中称恩培多克勒为修辞学的创立者，正如芝诺是辩证法的创立者一样。他在《论诗人》一文中说，恩培多克勒是荷马一派，擅长措辞，精于比喻和其他诗歌技巧。"（马永翔等译，吉林人民出版社2003年版，第530页）

黄昏为白昼的暮年,或称老年为生命的黄昏。"①

严格地衡量起来,只有这第四种类型,依循类比(kata to analogon),方能完全地作为隐喻而成立。② 因为第一种不是隐喻(较宽泛者代表较确切者,而不是不当代表当)。第三种类型不明晰。第二种类型只涉及某个词语之概念领域的相对的宽窄。

隐喻过度使用了,遂趋于模糊,引致隐晦(Rätselhaften)。如此,作明通易感的表达既更为可取,则凡隐喻运用中的不当之处,必须力避。西塞罗(《论演说家》,3,41,164)举出了例子:阿非利加努斯之死阉割了共和国(castratam morte Africani rem publicam);格劳西亚,③ 元老院的粪便(stercus curiae Glauciam)。昆体良指摘弗里乌斯·比巴库鲁斯(Furius Bibaculus)作的诗句:朱庇特以白雪唾向凛冽的阿尔卑斯山(Juppiter hibernas cana nive conspuit Alpes)。④

---

① 亚里士多德《修辞学》3,10 道:"当诗人称老年为残梗的时候,他是通过属来使我们有所领悟,有所认识,因为两者都已经枯萎。"罗念生注道:"这个隐喻见于《奥德赛》第十四卷第 212 至 214 行,荷马原诗的意思是:'如今我浑身的力气都已经消失;/但即使这样,我认为你看见了残梗,/也猜得到麦粒是什么样子。'奥底修斯扮装成乞丐,告诉他的牧猪人说,他从前是一个强健的人,如今老了。属指枯萎;麦枯了,人老了,都是枯萎的种类。"(见其所译《修辞学》第 176 页)
② 亚里士多德《修辞学》3,10 道:"隐喻的四种形式中,类比式的隐喻最为受人欢迎。"同上 3,4 道:"如塞奥达马斯用类比的方法说阿尔克达摩斯像是不懂几何的欧克塞诺斯,从中可以得知欧克塞诺斯被看成是懂几何的阿尔基达摩斯。又如柏拉图在《国家篇》里把那些剥夺死者胄甲的人比做狗,咬石头而不敢去碰抛石头的人。他还把平民比做一位强壮却又有点耳聋的船长;把诗人的诗行比做青春旺盛却无美貌的人,因为青春一旦凋谢,人就走向衰亡,诗行一旦打散,也就顿失昔日风采。再如伯利克勒斯关于萨莫斯人的比喻,他说他们像是一边接受小面包块一边哭泣的小孩;他还说波伊俄提亚人像冬青橡树,因为冬青橡树是被与它们同样的东西砍倒的,而波伊俄提亚人是在自己人之间的战斗中被打垮的。又,德摩克拉底把演说家比做自己吞下了食物却用唾沫抹湿婴儿嘴唇的奶妈。"(颜一译,分别参见《亚里士多德全集》第九卷第 518 页和第 504 页)
③ 罗马帝国政治领袖,死于公元前 100 年。
④ 参见昆体良《演说术原理》,8,6,17。

举喻。房屋（domus）的概念以一个重要的部分屋顶（tectum）来指称，此际即是举喻。然而屋顶（tectum）引发房屋（domus）的再现，原因在于两件事物一齐呈现于感知中，而感知是两个词语的共同依据：从部分知晓整体，或从整体知晓部分（cum res tota parva de parte cognoscitur, aut de toto pars）。① 举喻在语言中极为有力，这一情况我已证明过。古希腊语的增音②与表否定的 α-同源，亦即它是对现在时的否定，因而表指着过去时，葆朴（《比较语法》,2)③即为此观念辩护。语言决不含纳周遍地表示某物，却是强调最为凸出的特征；当然，对现在时的否定还没成为过去时，但过去时确确实实是对现在时的否定。"有牙者"还不是象，"披发者"仍不是狮子，然而梵语称象为牙（dantín），名狮子为长发（kesín）。④ 诗人对语言的使用自然要比演说家愈加荡放不谨：演说辞容许以锋尖（mucro）表剑，屋顶（tectum）表房屋，但不许以尾部（puppis）表船。最能让人接受的是数（numerus）的自由使用；譬如以古罗马人（Romanus）表古罗马人民（Romani），以铜（aes）、金（aurum）、银（argentum）表种种铜金银器皿，以宝石（gemma）表用珍异石头制作的器具。狐（alōpēx）表狐皮，则为以整体代表局部（totum pro parte），象（elephas）表象牙，龟（chelōnē）表龟壳，葛磊史般的头发（komai Charitessin homoiai）表头发（Charitōn komais）。或《奠酒人》（Choephori）（175, 合唱）：编织完密的头发（poiais etheirais）；厄

---

① 此句引自《致赫瑞尼翁》（Ad Herennium）,4,23,44。
② 古希腊语动词过去时位于词首之际音符时值的增加。
③ 德国语言学家 Franz Bopp（1791–1867）。尼采此处提及的这部著作的全称是：《梵语、禅德语、阿尔明尼亚语、希腊语、拉丁语、立陶宛语、古斯拉夫语、哥特语和德语 比较语法》（*Vergleichende Grammatik des Sanskrit, Zend, Armenischen, Griechischen, Lateinischen, Litauischen, Altslavischen, Gothischen und Deutschen*）。
④ 此例出自葆朴《比较语法》卷二第 317 页。

勒克特拉（Electra）：①我自身的头发与所见及的非常相象
（autoisin hēmin karta prospherēs idein）。某人叙述犯罪者的行
为，而此犯罪者即是他本人，其言语样式（genus loquendi quo
quis facere dicitur, quod factum narrat），鲁珩肯（Luhnken）曾提
到过，亦属此类；譬如荷马以人类之箭让维纳斯受了伤
（Homerus Venerem sauciat sagitta humana）。

　　换喻，一个名词代表另一个，这种安排即为换喻，也称作替
换（hypollagē）。以我们表示一物的原因替代我们欲指涉的事物
（cuius vis est, pro eo quod dicitur causam propter quam dicitur po-
nere）。②在语言中，这颇具力量：抽象名词具有内在和外在属
性，这些属性已与母体撕裂开来，呈现为独立的存在本质。无畏
（audacia）促使人成为无畏者（audaces）；这说到底是种拟人法，
犹似罗马人的概念神，诸如 Virtutes、Cura 之类。这些概念的由
来，只可归因于我们的感受，却被预设为事物的内在本质：我们
视显象为概念之因（Grund），而显象其实只是果而已。抽象名称
（abstracta）引发错觉，以为它们自身具备这些本质，可导致种种
属性，然而它们只是这些属性的结果，自我们身上获取一种比喻
性的实体感。柏拉图揭橥的从可见之原形（eidē）到理念之形
（ideai）的跃迁，极有启发性；换喻这类因果替换在此是彻底的。目前
通行的"老的"（alt）之义，本义则为"生长的"（gewachsen），因和果
被调换了。"苍白的死"（Pallida mors），"凄凉的晚境"（tristique se-
nectus），"猝然大怒"（praecipitem iram），这些都是例子。③

　　　　被发明之物按照其发明者命名，被征服者按照其

---

① 阿伽门农之女，怂恿其弟杀母及母之情夫，为父报仇。
② 此语见昆体良《演说术原理》（Institutiones oratoriae）。
③ 诸例子及下面两个句子皆出自昆体良《演说术原理》，8，6，27。

征服者意志而命名。

Neptunus [海神], Vulcanus [火神], vario Martre pugnatum est [大大小小的胜利之战],这些都是例子。荷马的英雄用来命名他们特具的技艺:奥托墨冬(Automedon)代表"御者",①马卡翁(Machaones)代表医生。②

以偶然属性意指固有属性,这种措辞就是易称(Antonomasia est dictio per accidens proprium significans)。使用独特的别称而不是专有名称,譬如以罗马雄辩术之王(Romanae eloquentiae princeps)表示西塞罗;以大斯基皮奥的后裔(Africani nepotes)表示格拉古(Gracchi)。③

以约略相近之音模拟声响,譬如我们说马鸣啸啸,羊声咩咩,牛音哞哞,以及其他诸如此类的事物,此际形成的措辞就是声喻[Onomatopoiia est dictio ad imitandum sonum vocis confusae ficta, ut cum dicimus hinnire equus, balare oves, stridere vaccas (?) et cetera his similia]。④

强喻之为转义,只在没有必要使用转义的情形下仍使用(譬如"银马掌"的情形)。西塞罗引举穿靴戴帽的演说(grandis oratio)表示长(longa),微琐的心灵(minutus animus)表示小(parvo)。此外,这种用法还常出现在感官活动的混同上面:他

---

① 奥托墨冬是狄俄瑞斯之子,阿喀琉斯的御者和朋友。"奥托墨冬"在西语中已成"御者"的代名词。

② 马卡翁是埃斯库拉皮俄斯之子,特洛亚战争中希腊军的军医,治愈了墨涅拉俄斯和菲洛克忒忒斯的疾病。

③ 大斯基皮奥(237-183BC)是古罗马统帅。格拉古(163-132BC)是古罗马政治家。

④ 傅迩轲缦(Volkmann)纂辑《修辞学》第426页引查里西乌斯(Charisius)语。尼采在vaccas后面打了个问号;傅迩轲缦用了个不同的辞语,"折门",则与此相应的更合适的动词似乎是"嘎嘎吱吱响"。

看见了喧哗声（ktypon dedorka），埃斯库罗斯（《七勇攻忒拜》，99）。娄柏客（Lobeck）（Rhemat.，页333以下）里的例子含有：索福克勒斯的“对阿波罗神的颂唱清澈明亮”（paian de lampai）。（《伊利亚特》16,127）：瞧，我望见海船烈焰腾腾奔窜的响声（leusso para nēusi pyros dēioio iōēn）（嘈杂，呼啸）。索福克勒斯（《埃阿斯》，785）：看看他四处刺戳着的那些词语（hora hopoi epē throei）。赫西俄德（《劳作与时日》，611-12）则不同：人们须将葡萄曝于日下十天十夜（botruas chrē deixai ēeliōi deka t'hēmata kai deka nyktas）。①

　　进喻（Metalepsis，transumptio）是种相当巧妙的转义，一词

------

① catachresis 意谓语词误用、比喻牵强、夸张引申。福柯《词与物》以为强喻是修辞格的基础，许多修辞格都基于对常规用法的背离、玩弄词的字面意义与比喻意义。甚至以为整个语言都是一种强喻，字面意义在能指和所指关系中不是内在的，而是逐步由社会约定俗成的。罗兰·巴特《S/Z》“十六、美”道：“美（与丑不同），无法实在说明：在身体的每一部分，它显示、展呈、重现自身，不描绘自身。有若一位神（也和神一样处于空白状态）（引案：所谓空白状态，指神具有唯一性、独特性、始源性，无法与其他事物构成一个整体，不能以流来表述源，它孤立地超越一切地存在着），它只能说：我是我所是者。如此，话语仅可确然述说每一细部的完美，‘其余的一切’只能引用全部美的基础：艺术这一符码。换句话说，美惟有在引用形式内方可确然述说自身：马里亚尼娜如苏丹的女儿，这是就她的美可述说的唯一方式；源自模特的，不光是美，还有言说（parole）；若令美独自显现，拭去先前的一切符码，美必默然，无言。它摒弃一切直接宾语；唯一可能的宾语，或为同义反复（完美的卵形面庞），或为比喻（美若拉斐尔圣母像，似石头凿成的迷离沉思，云云）；如此，美被引向无限的符码：美若维纳斯？然维纳斯又美若谁呢？若她自己么？若马里亚尼娜么？惟有一种方法可阻止美的转展反叠的复制过程：隐藏它，使之回复于默然，不可说，说不出，将所指对象回归于无形，为苏丹女儿蒙上面纱，断续展呈符码，而不具体表达它的源起（不牵连到它的源起）。有一修辞格把受喻物的这种空白原样呈现出来（引案：空白指让美的符码独自展呈，不与其他符码关联，凿断了无限延续的能指链，亦即‘我是我所是者’之意），空白的存在状况被整个儿复原为受喻物的言说（parole）：这修辞格就是强喻（catachrèse）（没有其他词可直接表示风车的‘翼’、椅的‘扶手’，然而‘翼’、‘扶手’即刻是且已经是隐喻了）：这是个基本的修辞格，其基本性或踰于换喻，因为它就处于空白状态的受喻物：美的风姿而表述。”

语从诸多同义词中展显同音异义现象（lexis ek synōnymias to homōnymon dēlousa），在《奥德赛》（15，299）中，称尖锐的岛（nēsoi oxeiai）为快速的岛（thoai），快速之物（thoon）和尖锐之物（oxy）是同义词［按照其运动而言（kata tēn kinēsin）］。然而这尖锐的岛（nēsoi oxeiai）（距安纳托利亚不远）和尖锐之物（oxy）同音异义。昆体良解释道：

> 在被转移的措辞和事物之间，形成一种过渡步骤，其本身没有什么意义，只是提供了一种转接，这是进喻的本质（est enim haec in metalepsi natura ut inter id quod transfertur et in quod transfertur, sit medius quidam gradus, nihil ipse significans, sed praebens transitum）。①

西塞罗以 sus（母猪）表示 Verres，连接的环节是一只 verres（公猪），它不是作为一个名称，而是作为一种动物。②欧斯塔提乌斯（Eusthathius）在《伊利亚特》（6，164）内发现了一个进喻：走开，脆弱的眼珠子！（erre kakē glēnē）表示走开，懦怯的女子！（erre ō deilon korasion）因为 korē（女子）和 korē（眼球）是同音异义词，而 korē（眼球）和 glēnē（眼珠子）是同义的。

饰喻。昆体良说，诗人们大量使用饰喻，只要饰喻与其名词相称即可；但在演说中，要是不用饰喻，某些东西就会被忽视掉，或是言辞的庄重感会降低，惟在此时，方使用饰喻。

讽喻（allegory, inversio），或言在此物而意在彼物，或则不然，某物与言意截然相反（aut aliud verbis, aliud sensu ostendit,

---

① 见昆体良《演说术原理》，8，6，37。
② 引自昆体良《演说术原理》，7，6，37。

aut etiam interim contrarium)。① 前者严格说来是讽喻,后者是反喻(Ironie)。维吉尔(《农事诗集》,2,542)"马颈汗淋漓,释辔是其时"(et iam tempus equum fumantia solvere colla),意谓该结束诗篇了。也就是贺拉斯(《歌集》,1,14)所道:新浪拍背,船尾指海(O navis, referent in mare te novi fluctus)。② 讽喻极少单纯地(rein)运用于演说里,常是同非寓意成分(apertis)拌和着,举个地道的例子,譬如西塞罗道:

> 会有这样一个人,着手毁灭敌人,就凿沉自己驾驶着的船。我对此感到诧异,悲恸(hoc miror, hoc queror quemquam hominem ita pessum dare velle, ut etiam navem perforet, in qua ipse naviget)。③

西塞罗(《为穆雷衲辩护》,17,35)道:

> 这么多漩涡,潮流急遽涨落,瞬息万变,就好象是选举系统内的湍流和波涛,相当于什么样的急流水道,什么样的海峡,你想到过吗?(quod enim fretum, quem Euripum tot motus, tantas tam varias habere putatis agitationes, commutationesque fluctuum, quantas perturbationes et quantas aestus habet ratio comitiorum?)④

人们须提防不要通篇使用寓意形象;昆体良说,许多事物始

---

①　见昆体良《演说术原理》,8,6,44。
②　同上。
③　昆体良《演说术原理》8,6,47引西塞罗演说辞。
④　同上。

于风暴,终于火灾或崩塌。谜语(Rätnsel),这种简短而颇为难解的讽喻,在演说中是不能存在的。典型的语法书例子:妈妈生下我,但不久我生下了她(mater me genuit, autem mox gignitur)(水—冰—水)。

反喻(Ironie, illusio):词语表达者,恰为其表面表达者的反面。① 昆体良辨别了讽刺(充满憎恶和敌意的嘲弄[sarcasmos (plena odio atque hostilis irrisio)]),面上变样,咧嘴而笑(meta sesērotos tou prosōpou legomenos)[拉丁文:exacerbatio(激恼)],自嘲(asteismos)(含着诙谐的自我反喻),挖苦(myktērismos)和讥调(chleuasmos),这种反喻针对别人。文雅婉转的排调形式内,言语深具趣致(charientismos)。如此,反语(antiphrasis)这一类辞语,乃是用事实的对立面来呈现言者所说的对立面(lexis dia tou enantiou ē parakeimenou to enantion paristōsa chōris hypokriseōs)。② 荷马(《伊利亚特》,15,11):打他的不是最弱的希腊人(epei ou min aphaurotatos bal' Achaiōn)。委婉语(Euphemismus)应归入此列。如此,曲言(litotēs)亦属此类[这一机巧措辞仅见于塞尔维乌斯(Servius)③对维吉尔(《农事诗集》,1,125)和贺拉斯的笺注,与反语几乎一模一样]。

逆喻(Oxymoron),④某个主词和某个谓词的接合取消了自身的本质:不可爱的可爱(acharis charis),⑤不是战争的战争(apolemos polemos),⑥无城之城(apolis polis)。⑦

---

① 所欲言恰是所已言的反面。

② 参见傅迭轲缦(Volkmann)纂辑《修辞学》第 434 页所引。

③ 塞尔维乌斯是公元四世纪罗马注疏家。

④ 矛盾形容法。

⑤ 埃斯库罗斯《被绑的普罗米修斯》(*Prometheus Vinctus*),545。

⑥ 埃斯库罗斯《被绑的普罗米修斯》,904。

⑦ 亦即荡毁之城。出埃斯库罗斯《善好者》(或《复仇女神》)(*Eumenides*),457。

曲喻(periphrasis, circumlocutio, circuitio, circuitus loquendi)应在修辞格而不是在转义内予以分类。① 它只起装饰作用,譬如在强有力的赫拉克勒斯(biē Heraklēeiē)、阿特柔斯之子的勇力(menos Atreidao)、那时的忒勒马科斯(is Tēlemachoio)内的情形。

凸喻[hyperbaton,辞语的换置(verbi transgressio)],乃是将意蕴深长的辞语置于句子之首或尾而产生的强调。倘若仅仅牵涉及两个辞语,譬如前置词的后置:meorum quibus de rebus(有关我朋友们的事),则称之为辞语倒装法(anastrophē)。

插词法(Diacope, tmesis),由插入的辞语而来的一种构成方式(compositum)的分隔:在大熊星座底下(septem subjecta trioni),见维吉尔(《农事诗集》,3,381)。②

透析喻(dialysis)或旁插喻(parenthesis),乃是将一个句子插嵌进另一个句子内。

---

① 修辞格一般指规则的形态模式,转义则指某种词汇或语义的偏离,是一种异常,隐喻、换喻、逆喻、反喻之类皆属转义。

② 罗兰·巴特《文之悦》"四、边线"在较为广泛的意义上道及插词法:"最经典的叙事(左拉或巴尔扎克或狄更斯或托尔斯泰的小说)于其内怀有某类淡化了的插词法(tmèse):我们不以同样的阅读强度来读一切;一种节律定了出来,随意,且无关于文之完整;我们对知识的纯粹渴求驱使我们浏览或跳过某些段落(将其预计为'令人厌烦之物'),以便较快地获得轶事之远为激心荡意的部分(这些通常是其关节:无论什么均推进了谜底的出现、命运的显露);我们跳过了描述、解释、分析、对话,不受任何责罚(没人看着我们);我们这般做着,便相类于夜总会中的观众,他登上舞台,助脱衣舞女加快速度,三下两下扯却她的衣衫,但还是照秩序进行,也就是:仪式的次要过程,一面遵守着,一面又加速着(犹如神甫圆圆做着弥撒)。插词法,这悦的源泉或修辞格,在此互相面对着两条乏味的边线;它使有用于了解隐密与无益于此类了解这两者对立着;插词法是一条缝隙,生其某种功能性的一般原则;它并非出现于诸多群体语言的结构层面,而是仅仅露面于其实现的那一片刻;作者无法预料插词法:他不可能打算写那没人会读的。不过,恰是这有人会读者与无人会读者的节律创造了伟大叙事的悦:有谁曾逐字逐句地阅读普鲁斯特、巴尔扎克、《战争与和平》?(普鲁斯特有幸:自一卷至另一卷,我们尚未跳过写相同的人与事的段落。)"

甚至凸喻其实也不是一种转义。

逆序喻(hysterologia),诸意义的逆向次序(sensuum ordo praeposterus),须首先说的,放在后面说。维吉尔(《埃涅阿斯纪》2,353):我们去死,冲入刀丛(moriamur et in media arma ruamus)。或者养育和出生(trophēn kai genesin)。①

夸张(hyperbolē),言过其实,夸大或缩小一件事物。不同的方式:要么是所言大于会发生或曾发生之事,贺拉斯(《歌集》1,1,36):吾额欲撞星,作声当铿尔(sublimi feriam sidera vertice)。② 要么是我们经由比较将某事物衬托出来,《伊利亚特》(A 249):彼舌有粲华,洒落芳愈蜜(tou kai apo glōssēs melitos glykiōn)。另外的转义往往会增强夸张。做作(kakozēlia)的风险极大。③

---

① 见色诺芬《回忆录》(*Memorabilia*),3,5,10。
② 参见昆体良《演说术原理》,8,6,67。
③ 同上,73。

八、修辞格

转义涉及转移(Übertragungen):用一些语辞替代另一些语辞:使用非本义替代本义。修辞格则与转移毫无瓜葛。它们艺术地改变了表达形式,背离常态,却不是转移。然而完整地界定颇为困难。我们取某种修辞格,便意味着某种表达形式,经由艺术而呈现了一个崭新的面貌[Figura (schēma) sit arte aliqua novata forma dicendi]。① 西塞罗(《演说家》,181)说,修辞格和修饰……希腊人称为 schemata,类似于演说时的各种姿势(Formae et lumina, luminibus, quae Graeci quasi aliquos gestus orationis schemata vocant)。

句子结构的各种变形,倒不如说是显示了意义方面的本质性差异。其变形形式是对那些合乎规则的通常表达手段或增益或减损、或变异。同一个意义被赋予若干不同的语音形象(Lautbilder)和声音展现方式(Lautfiguration);心魂受激,形成相同的表象。但"意义"仅仅意味着:没有任何一种表达能完全固定地界定和限定心魂的运动,致使该表达能被视为意义的本真

① 见昆体良《演说术原理》,9,1,14。

(eigentliche)展现。每种表达仅仅是个象征符号,而不是事物;种种象征符号可彼此交换。选择(wahl)总是可能的。表达手段的堆积[赘述(pleonasmus)]会立刻引起表象活动的延搁;词语的删削[省略(ellipsis)]则显示了促发表象活动和刺激思想的努力。词语形式的替代[换易(enallage)]和位置的变更[凸喻(hyperbaton)]结果造成注意力的加强。

是语法格,抑或是修辞格,难以断定;演说者表现其心灵内容的方式和比喻性的用法(allegoricus usus)之间,通常无法勾画出一条固定的界线。因为语言也构造个体化的表述形式,因而我们视某种手段为语法格抑或修辞格,皆依我们对什么算通常用法的不明确判断而定。

赘述(Pleonasmus):(1)句子中的多余表达,或是因为这些表达在句子中所要表明的内容已经得到了充分的表明(狭义的赘述),或是因为它缺少某种明确陈述的内容(parapleroma)。语法学家特律丰(Tryphon)将填充的连词 de、rha、nu、pou、toi、thēn、ar、dēta、per、pō、men、an、au、oun、ken、ge 与用以衬垫易碎瓷器的稻草相比拟。在讲究的演说里,它们身为诗意的装填物(complementa numerorum),常常含具韵律的效果。伊索克拉底运用填充词,创造出音乐效果来,他以此为乐。有些措辞经大量使用,最终变成了赘述:"我们在我们心中知道(idmen eni phresi),白色的,仔细看看吧(leukos idein),一个是演说家的男人(anēr rhētor),年轻的孩子们(novos adolescentulos)。"有无心的赘述,过分的精确,但真正的修辞性赘述则旨在独特方式的效果,超越了意义的恰切表述的范围。泛称与格(dativus ethicus)的赘述是原初的修辞性赘述。或者,当名词被一个接下来的代词反复接住(epanalepsis,重复),这也是修辞性赘述。此外,当一个词添加在与其词根相同的动词后面,这也是修辞性赘述,例如:"吾庐此庐"（oikeō tēn oikian），"就智论智，智也"（sophos tēn sophian）。

（2）第二类赘述，过度释义（perissologia），只用以表达心灵在所描述内容前的长久停驻。当一个词很难准确表达某一个概念，而只能对其进行迂回描述时，也即常通过曲喻（periphrasis），这就是过度释义。冗余的表达方式（lexis perittē）：没人敢尝试那种因冗长而受人诟病的演说，但那种语词饱满的演说则是备受称赞的。某种程度的漫不经心的镇静，使意义愈趋确切的字斟句酌，以及庄重，威严，皆由过度释义体现出来。另外，还有描述词语或增词，这容易理解，也即起装饰作用的描述性增扩（epitheton ornans）。然后又有着同义词表达的堆积，心魂（譬如发怒之际）无法使自身与事情即刻脱离开来。

（3）同义反复（tautology），不仅仅是以同样的意义，而且是以同样的词语，重复表述。加倍施加的困苦（Pathos poiousi hoi diplasiasmoi）。[1] 譬如牧童就是牧童（Corydon Corydon），见维吉尔（《牧歌》，2，69）。重复（palillogia）：虽则他们在水下，即便在水下他们也想要咒骂（quamvis sint sub aqua, sub aqua maledicere temptant），所述是指变成了青蛙的农夫（奥维德《史记》，6，376）。

首语重复（epanaphora）营造了强调之势，其中每个语句都以同样的词语开始。西塞罗［《责安东尼》或《反腓力词》（Philippics），12，12，29］：但他们相信欺诈之人，他们相信骚乱之人，他们相信他们的朋友（sed credunt improbis, credunt turbulentis, credunt suis）。此与逆向反复（antistrophe）相对。西塞罗（《反腓力词》，1，10）：由死人从流放处召回，由死人……赋予公民权利，……由死人豁免税款（de exilio reducti a mortuo, civitas

---

[1] 傅迻轲缦（Volkmann）纂辑《修辞学》第 466 页引阿普西涅斯（Apsines）《修辞术》语。

data … a mortuo, … sublata vectigalia a mortuo)。首尾语重复
(symploke)是同样的首语和尾语的复现。西塞罗[《为弥洛辩
护》(Pro Milone),2,22]:谁要求他们? 阿皮乌斯。谁引领他
们? 阿皮乌斯(quis eos postulavit? Appius. Quis produxit? Appi-
us)。再则一个句子的尾语可用作下一句子的首语,①西塞罗
[《控喀提林》(Catilina),1,1]:然而这人活了下来。活了下来
吗? 实际上他甚至进入了元老院(hic tamen vivit. Vivit? Immo
vero etiam in senatum venit)。

省略(ellipsis)。句子内词语的省略,一般只要略而不及者
能从上下文推知出来,即可。文法上的省略已成习惯,极明确的
言辞反而令人生厌,"他抽取了(草茎的)短截"[er hat den
kürzeren (Halm) gezogen]。② 这类省略曾因语音之故而引生,
以使发声愈趋简捷,紧凑。席勒(《奥尔良少女》,2,2):

> 我爱善待我(的人),恨害我(的人),即便是我自己的
> 儿子,我生育了他(却伤害我,因而他就)更为可恨。

遂有不必完全描述出来的句子情形。"要是(他以不孝而无
耻的傲慢)/ 伤害(十月怀胎生养他的人)!"以未具体说明的状况
结束, 便 是 顿 绝(Aposiopesis)。③ 此外, 还有连词省略
(Asyndeton):"我有权利恨他,(因为)我生养了他。"古人也称之为
文字简省或音节省略(elleipsis)。昆体良亦曾如此标出了简省的某
种短欠(vitium detractionis),他接着将其与连词省略归为一类,因为
也是含具此词得到他词的弥补这样的特征;最后(在9,3,58),他讨

---

① 与汉语修辞中的顶真相同。
② 抽了短截,表示打赌输了。
③ 话语的突然中断。

论了由简省而生的修辞格(figurae quae per detractionem fiunt):

（1）词语虽遭简省，却可自上下文掇拾而得，一目了然。
(cum subtractum verbum aliquod satis in ceteris intelligitur)

（2）其中将词语适度地简省了，并不逾越我们所持的矩
度。(in quibus verba decenter pudoris gratia subtrahuntur)

（3）词语经简省，作勾连之用的小品词也一并省略了（连
词省略）［per detractionem figura, cui conjunctiones eximuntur
(asyndeton)］。①

---

① 见昆体良《演说术原理》提要Ⅸ,3,58 和 62。罗兰·巴特《S/Z》"四十五、贬低"
从叙事学的角度谈及连词省略，道："开始某种交往/预告其结束/将其结束：词
句并列，连词省略，意指着情缘旋生旋灭(不然，故事性的蔓延与枝节尽可借
'交往'而绵绵不绝，苗苗以生)。布局过程以其殊特的结构(于'交往'序列的
简易中显露无遗)，实际上相对地将语言贬低了(据说'行动'胜过'言词')：运
作一旦被简化为布局过程的要素(essence)，便置象征于微不足道的境地，将它
匆匆了结。省略掉行为表述的连词，经此，人类的行动便屑屑不足道，被限定在
刺激与反应的境域内，性关系遂程式化，被宣布为无效。如此，以萨拉辛和克洛
蒂尔德的交往这一序列的孤零零的形式，使雕塑家和性毫不沾边儿(引案：连词
省略导致孤零零的形式，导致没有关连)：布局过程一当缩简为要点(essentiels)
项，便若众多短刀(连词省略的短刀)，其本身成为阉割的工具，由话语施诸萨
拉辛。"(屠友祥译，上海人民出版社 2000 年版，第 195-196 页)罗兰·巴特《文
之悦》"四、边线"道："福楼拜：将话语切断、穿透而不使之失却意义的风格。修
辞学的确可识别词之配列的间断面(错格)和主从关系的间断面(连词省略)；
而在福楼拜身上，间断面破天荒不再是例外、个别、醒目之类，乃是立于普通语
句(发话内容)的基本实体上面了：在诸类修辞手段这边，不再有什么总体语言
结构了(自另一种意义来说，这意味着：唯有此总体语言结构，别无其他什么
了)；一种业已普遍化的连词省略控制了整个表达行为(发话行为)，因而这十
足是能引人阅读的话语便神秘地成为可想象的最不规则的话语之一：一切符合
名理的微末变化皆处于间隙之中。就话语来说，这是种相当微妙且近乎无法维
持的情形；叙事性遭致拆解，然故事却依旧是能引人阅读的：缝隙的两条边线决不
会愈趋清晰和精细，读者也不会更好地获致悦——倘若他至少领略了那受控制
的间断面，那假装的遵循惯例，间接的毁坏的话。除了此处可归因于作者的成功
外，也还有表演的悦的效果：此功绩在于保持住了群体语言的模仿过程(mimesis)
(群体语言模拟其自身)，护住了无限之悦的源泉，以这般完全含混(含混至极)的
方式，文便决不会毁弃于(令人阉割的笑、'引我们发笑的滑稽'这类)善意(及恶
意)的戏拟手上。"(屠友祥译，上海人民出版社 2002 年版，第 17-18 页)

(4) 若干句子完全与同一个动词相关联,称为句端联结者(epezeugmenon),其中每一个句子若单独出现,都需要这一动词(epezeugmenon, in qua unum ad verbum plures sententiae referentur, quarum unaquaeque desideraret illud, si sola poneretur),譬如西塞罗(《为克鲁恩提乌斯辩护》,6,15),"欲望战胜羞怯,胆大(战胜)畏惧,疯狂(战胜)理智"[e.g. Cicero.(Pro Cluentio, 6, 15), vicit pudorem libido, timorem audacia, rationem amentia]。①

完全混同了的特征,将文法特征和修辞特征混同了。在一个简单句中的省略:他下雪,落雨,击雷,打闪(niphei huei brontai astraptei)[省略了的,是宙斯(Zeus)或天帝(ho theos)];"经由信号",(号兵)吹奏,(掌礼官)欢呼[sēmanoei esalpinxe(ho salpinktēs), ekēryxe(ho kēryx)]。再是系词省略了,西塞罗(《为弥洛辩护》,14):法之极,恶之极;弥洛没有凭暴力做任何事情(summum ius summa iniuria; nihil per vim Milo)。省略与一个简单扩展的句子的最初断言相关:"他虽则将这些事情打发掉,但已把它们了结了","与手边的事情毫无瓜葛","用右手和左手","给一拳作为回报"[quae cum dimiserat, finem ille(fecit), nihil ad rem, dextra sinistra(manu), paison diplēn][索福克勒斯《厄勒克特拉》(Electra),1415]。在拉丁文里,人们省掉引入从属子句的词语:"于是我说","于是知道"。西塞罗[《致阿提库斯》(ad Atticum)3,18]:

　　你所写的就是:你听见我受到了震动,这因我的哀恸而生,同时也呈现着情绪涌动的状态——我的心

---

① 参见昆体良《演说术原理》,9,3,62。

情的确还好（quod scribis te audire me etiam mentali errore ex dolore affici — mihi vero mens integra est）。

从属子句的省略在希腊文中称为 anantapodoton。在一个简缩的句子里的词语省略则称为 epepheugmenon zeuxis 或 apo koinou。

一笔双叙（syllēpsis）是表示一组连续指涉的术语：适用于组列内此者，亦可转而适用于彼。这些表述方式里，轭式搭配（zeugma）①依旧在用，然而取一笔双叙的意义。塔西佗（《编年史》，2，20）：计划的艰巨部分他（杰马尼库斯②）留与了自身，其馀的则交托给副手［（Germanicus）quod arduum sibi, cetera legatis permisit］，关于"sibi"："他留与了自身。"轭式搭配有若抑音节和扬音节的交替。西塞罗［《图斯库卢姆谈话录》（Tusculanae disputationes），5，40］：我们的同胞几乎不知晓希腊文，希腊人也是不（知晓）拉丁文［nostri graece fere nesciunt, nec Graeci latine（sciunt）］。

换易（Enallage）。语言中出现了许多同义词的构造，而逻辑知性则会视其中许多为多余，从而予以删除。同义词研究的科学试图精严地确定同义语言结构的要素，而不是触及事物本身的真实性。通常以不同的方式表达同样的概念名称，这样的措辞就是同义词。此即换易——只要所用的表达方式已脱离了习惯用法。表述因果关系，拉丁语可以用连词：nam, enim, etenim, 或 eo, ideo, idcirco, propterea；可以用副词：cur, quae, quam, obviam；用前置词：propter；用格：离格，属格；用式；用分

---

① 轭式搭配乃是由一个动词修饰两个意义截然不同的名词，或由一个动词支配一个以上的分句。它与一笔双叙很难区别。
② 杰马尼库斯为凯撒侄子，罗马将领。

词;等等;——全都是依照习惯用法,因而不属修辞格。但 laetus 若与属格一起使用,替代 quod 或离格[狄多——劳作的欢欣(Dido-laeta laborum),《埃涅阿斯纪》,11,73],那么,这就是换易,因为替代之故。例子是:形容词替代副词,羞愧冲霄(Aidōs ourania apetē)(本义:极度地羞愧腾然而起);贺拉斯(《诗艺》,268),夜察希腊样板,日览希腊模范(vos exemplaria Graeca nocturna versate manu, versate diurna)。用格替代前置词,此际,亦是换易:奥维德(《变形记》,3,162):"你慷慨陈词,没传达到我们的耳中(verba refers aures non pervenientia nostras)。"或是用前置词替代格:品呷饮料(de potione gustare)。换易与性有关:亲爱的埃癸斯托斯(ō phil' Aigisthou bia)。另外,双数和复数的替换,duo Aiante 对 du' Aiantes 在荷马那里屡屡出现。《伊利亚特》(2,278):众人如此说道(ōs phasan he plēthus)。主格常常替代呼格:哦,受人爱戴的埃阿斯(ō philtat' Aias)(索福克勒斯《埃阿斯》,977)。格的替换称为 antiptōsis。此外,还有比较级、最高级和原级的替换。《奥德赛》(11,438):但阿喀琉斯,没人比你更受尊敬了(seio d'Achilleu ou tis aner proparoithe makartatos)。(替代最高级 makartatos)。在作为标记的人称里 ①第二人称具有总体:听上去是总体(pas: akoue pas)的强制语气。邵颐枚(Seume)在其《生平》(Leben)书内叙述道:"我们准备的功课在哪儿?"校长有一次问我。"在这儿。"我指着前额,答道。"我们有点儿脸皮厚,我们会看到的。"还有一次对另一个学生说,"我们是一头蠢驴。"希腊语中的不定过去时形式经常替代现在时,如在荷马史诗的比喻内就是如此。命令式替代直陈式:oisō;ōs poiěson 替代 poiēseis,这是古雅典希腊语的语法。主动

---

① 尼采原稿模糊难辨。

和被动彼此更替,譬如:kakōs akouein(male audire)(本义:听上去令人不快),"受到咎责",blinder Schuss(黑暗中射击),blinder Lärm(虚发警报),一片"深黑的区域",一场"凄惶的经历"。Schēma pros to sēmainomenon,按照意义而成的词的配列,constructio,kata synesin,是近代的事。《伊利亚特》(5,382):保持良好的心境,我的孩子,忍受一切痛苦(tetlathi, teknon emon, kai anascheo kēdomenē per)。柏拉图(《申辩》,页29):你是雅典的公民,城邦的最伟大者、最著名者(Athēnaios ōn, poleōs tēs megistēs kai eudokimōtatēs)。葛闰忒(F. Grüter)《关于循义一致》(In Synesis)(明斯特,1855年和1867年)。① 二词一意(hen dia duoin)见塞尔维乌斯对维吉尔《农事诗集》(2,192)的注疏。埃斯库罗斯(《和善女神》,238)用"血迹和滴淌"(haima kai stalagmos)替代"滴淌的血迹"(haimatos stalagmos)。

此外,尚有代换(hypallagē):这种措辞方式进入语法关系内,是由于在其本身的意义上它们和其他话语有关联。索福克勒斯(《俄狄浦斯王》,1235):伊娥卡斯特非凡的头脑停止运行了(tethnēke theion Jokastēs kara)。同样的血液助长了男人之间的仇恨(neikos andrōn xynaimon),《安提戈涅》,793。奥维德(《变形记》,8,676):葡萄色采自紫葡萄(de purpureis collectae vitibus uvae)。

在这点上,属拉丁文所称的 comparatio compendiaria[简省的比较]。贺拉斯(《歌集》,3,1,42):此后,弗里吉亚大理石倘若不能凸显痛苦,则亦不会呈现比星星更具光辉的华采(quod si dolentem nec Phrygius lapis nec purpurarum sidere clarior delenit usus),替代明晰(clariorum)。《歌集》(2,14,28):晚餐上,丰盛

---

① 据词义而不是词的语法形式,达到句法上的一致,称为循义一致。

超过大祭司的宴会,名贵的酒将染污光闪闪的地板[tinget pavi-mentum superbis(mero)pontificum potiore coenis][替代气味比平常的大祭司宴会要浓烈(potiore quam esse solet in pontificum coenis)]。

某词若拥有某特性,它只是作为由动词指定了的活动结果而获取此特性,这就是预叙(prolepsis)。索福克勒斯(《埃阿斯》,70):因为我会避开他的目光(ego gar ommatōn apostrophous augas apeirgō)。这种措辞方式并不古老。在古人那里,预叙意谓:(1)将反对的理由预先攻击,予以排逐;(2)亦犹将含具现代特征的现象移用至过去的时代;(3)不合习惯用法的意义,彼时某一表述起初普泛地指称,而后则继之以局部的详述,譬如维吉尔(《埃涅阿斯纪》,12,161):在此期间,两位国王(骑马前来),拉提努斯气宇轩昂……图尔努斯驾着一辆(两匹白马的)战车……对面来的是埃涅阿斯,(罗马人的)始祖(interea reges, ingenti mole Latinus — bigis it Turnus — tum pater Aeneas)。

形态同化(Attraction)。格林(J. Grimm)("Über einige Fälle der Attraction," in Abh. D. Kgl. Acad. D. Wissenschaften zu Berlin, 1858)说:

> 亦犹溪川,确是众水滴汇而成流,大多数不羁的希腊语讲谈展显了形态同化,拉丁语讲谈已是逊色,然起初在方言俗语的成分内显露,有些几乎只是出于喜剧丑角人物之口,则是希腊与拉丁语讲谈皆具的性质;人们自然须要求西塞罗处毫无这样的例子。自久远的过去,回溯至有书写的文献之际,此现象在德语里即受检束,这或是因为翻译的生硬拘谨,或是由于文法废弃或狭隘的规则,但德语常显示依旧没有完全消失的确确

实实的痕迹。

-R. Förster, quaestiones de attractioni enuntiationum relativo-rum（1868）. 贺拉斯（《歌集》，3，27，73）：朱庇特不知晓你，不然，他就抑制不住要取你为妻室（uxor invicti Jovis esse nescis）。维吉尔（《埃涅阿斯纪》，1，573）：我正在建造的城市，是属你们的（Urbem quam statuo vestra est）。希罗多德（2，15）：往昔，武拜称作埃及（to palai, ai Thēbai Aigyptos ekaleeto）。①

　　不合语法的句子结构（Anakoluthia）：复杂句子的词的配列是深思熟虑的标志。由于相异然又相关的观念极汹涌的聚集，或是率然而作，无法仔细斟酌，此际，这修辞格便出现了。赫墨根尼（Hermogenes）说，甚至真实的叙述（logos alēthēs），为了表现强烈情感的特性，将正确的顺序（akoluthia）予以移置，也是无可避免的。在柏拉图（《申辩》，页19）那里，后者表显了苏格拉底超群绝伦的镇定自若。词序的换易已在凸喻（hyperbaton）之下讨论过了。交错配列（Chiasmus）是个现代术语，古人则说 prohypantēsis, praeoccursio。赫墨根尼称之为 chiasmos，彼时句子的四个部分，第四与第一相配，第三和第二相系。与 periodos diaphymenē 相对的，是 anastrephomenē，其中第三部分与第一部分相配，第二与第四相系。如此，我们谈及表达方式的并行或串连。chiasmos 在拉丁文中称作 decussatio（decussis = ioas，以 x 来标示）。颠来倒去，倘若破坏了意义的明洁和表达的和谐，则称之为混乱的交错配列（synchysis, hyperbaton ex omni parte confusium）。

　　一切具有相似性和对比处的语音结构——文字游戏（para-

---

① 希罗多德著有《史记》。

nomasia），用双关语（annominatio），从前都是（由某位智者①）在等义修辞格（isa schēmata）的概念之下予以分类。这一类别属屈折变化之词的复现的修辞格（schēma etymologikon）：pugna pugnata est（战斗展开了）。② 此外，尚有词语相同而意义迥异的重复。还有全部子句的同音或相似，诸子句同样的音长（isokōlon），也就是一个完整句的诸子句囊括同样数目的音节。在短句相似的结尾（parison）情形里，某个子句，通常是最后一个，比其他的子句要稍微长一些。paromoiōsis 是一种业经强化的诸子句的对称（parisōsis），然而不仅是同样的诸子句（kōla），而且是诸子句的同样的声音，在子句的起讫处尤为如此。西塞罗（《为弥洛辩护》，4，20）：

> 因此，审判者们，存在着一种法律，这不是成文的法律，而是自然的法律；我们掌握这法律，不是经由讲授、口传或阅读，而是在自然本身的胸膛里领会，吞饮，吸取；我们承继这法律，不是凭教育，而是靠习俗，不是经训练，而是由直觉（est enim, iudices, haec non scripta, sed nata lex, quam non didicimus accepimus legimus, verum ex natura ipsa arripuimus hausimus expressimus; ad quam non docti, sed facti, non instituti sed imbuti sumus）。

同格复现（homoioptōton）在一个完整句内构成了相同格的多重复现。这是一种诸多子句的相同结尾（homoioteleuton）。据说亚里士多德曾写道：

---

① 或指高尔吉亚。
② 字面意义为：战斗得以战斗。

　　我从雅典游历到斯塔吉拉,是为了大王的缘故,从
斯塔吉拉游历到雅典,则是由于隆冬的缘故(ego ek men
Athenōn eis Stageira ēlthon dia ton basilea ton megan, ek
de Stageirōn eis Athēnas dia ton cheimōna ton megan)。①

　　波鲁斯(Polus),李居谟尼乌(Licymnius),高尔吉亚及其门
徒,以及早年的伊索克拉底,皆喜爱对照(antitheta),谐音(都是
几乎相同的词语)(paromoia)和赋予一个句子的不同部分同样
的长度(parisōseis)。后来,这些修辞格被视为造作而简稚的
(meirakiōdē)、程式化的(theatrika)修辞手段。

　　种种形成对比的词语的巧妙均衡,称作对照(antitheton, an-
tithesis)。此种对比可以是词语或思想之间。康尼蒂修(Corni-
ficius)里有一个显著的例子:

　　　　一切皆宁静,此际,你是汹涌的;一切皆处于汹涌,
　　此际,你是宁静的。某个情境里,需要你的全副冷静,
　　你却异常激动;需要你的全部激情,你却沉静淡然。需
　　你寂静无声之际,你闹哄哄;该说话之际,你变得缄默
　　无言。存在了,你希望不存在;不存在了,你渴望恢复
　　为原样。处于和平,你不断要求战争;处于战争,你切
　　盼和平。集会上,你高谈勇气;战场上,你胆怯得不能
　　忍受号角声(In otio tumultuaris, in tumultu es otiosus,
　　in re frigidissima cales, in ferventissima friges; tacito
　　cum opus est, clamas; ubi loqui convenit, obmutescis;

---

① 见公元前 1 世纪(亚历山大里亚时期)修辞学家德米特里乌(Demetrius)《论风
　格》(*De Elocutione*),29。亚里士多德是古代马其顿斯塔吉拉人。

ades, abesse vis; abes, reverti cupis; in pace bellum
quaeritas, in bello pacem desideras; in contione de
virtute loqueris, in proelio prae ignavia tubae sonitum
perferre non potes）。

所有这类事物,古人一概称之为"发言的修辞手段",继此,
则出现了思考的修辞手段(figurae sententiarum, schēmata di-
anoias)［和文字的修辞手段(schēmata lexeōs, figurae
verborum)］。归入此类的,是拟演(prosōpopoiia, fictio persona-
rum),其中话语出自虚构人物之口,或确实存在的人物之口,或
对立的思想以独白形式揭示出来。神和阴间,城邦与民族,皆可
拟说。

此外,尚有模仿(ēthopoiia 或 mimēsis),对其他人物行为的
效仿(imitatio morum alienorum)。H. Monse, veterum rhetorum de sen-
tentiarum figuris doctrina (Breslau, 1869).

尚有状物(hypotypōsis),对某物作确切而明晰的描绘,使之
如在目前,即便是将来的事物,亦如此。弥洛若获得了行政长官
的职位,会做些什么云云。

尚有修辞问题。人们预料不会有什么答案,但实际上答案
可探询而得。这种关系称为修辞性问答(dialogismos)。人们自
问,或问别的什么人,问题和插入的答案(hypophora),在吕西阿
斯(Lysias)处尤为常见。总是由首语重覆(anaphora)(即同样的
句子部位的同样开头)作进一步的强化。

就对立事物作预料常常是预叙(prolēpsis, prokatalēpsis)。

何处起,何处止,我们据要点该说什么,我们是否应一气说
尽,为疑惑不定(diaporēsis, aporia)。

尚有咨问听众(anakoinōsis, communicatio),此时,演说者要

求诸如法官之类告诉他，是否可适当地不询问某事，或忽略某事：这能使演说呈现出未加准备的效果。

继咨问听众之后，人们或许添加上别的出乎意料之事，非常之事（paradoxon）。

尚有吁请法官裁决（epitropē, permissio），把判决权交托给法官。

人们承认对方有理，使之体味到，但没有讲出来，此际，就是认错（apologismos）。

宜于强化情感的种种修辞格，并不仰赖虚饰（simulatio）。臻此境地者，为呼喊（ekphōnesis, exclamatio），如：大地啊，众神啊，魔力啊，人类啊（ō gē kai theoi kai daimones kai anthrōpoi）。

尚有破格（parrēsia, licentia），如公元八世纪喀提林式阴谋家的演说。

此外，有向法官之外的人发表演说（apostrophē, aversus iudice sermo）。有佯不提及（paralepsis, occultatio），人们借此修辞格，佯装不提及某事，但实际已是触及了（佯不陈述 parasiōpēsis 亦然）。有时，人们提出种种事物，却不叙述更深入的细节，因为对能以合适的方式做到这点不抱希望，此际，详述即颇为有效。

陡断（aposiōpēsis），言语的突然中断，譬如发怒之际，或因他人已说了这点，或语涉淫秽。

九、演说的韵律

西塞罗（《演说家》,第 56 篇）（写道）:

　　我们发表演说时分,常无意间说出诗句。这该是很受指摘的,……抑扬格的三音格诗句和希波那克斯式抑扬格的诗句,其实近乎无可避免,因为我们的言语多半由抑扬格构成。然而听者易于赏识这等诗句;它们属最为耳熟能详的一类之故;但我们不知不觉间总是嵌入其他的诗句,属生僻的一型,然而诗句毫无彼此之分——皆为含带瑕疵之习,这是预先留意欲力避的。杰出的逍遥派哲学家哈伊罗尼穆斯从伊索克拉底为数众多的作品里选出若干三十行诗,大多为抑扬格的三音格诗句,但也有抑抑扬格的……因而可以确定,在散文内也有韵律,并且,演说的写法和诗的写法是一样的（ quod versus saepe in oratione per imprudentiam dicimus: quod vehementer est vitiosum … senarios vero et Hipponacteos effugere vix possumus. Magnam enim partem ex iambis nostra constat oratio. Sed tamen eos ver-

sus facile agnoscit auditor: sunt enim usitatissimi. Inculca-
mus autem per imprudentiam saepe etiam minus usitatos
sed tamen versus; vitiosum genus et longa animi
provisione fugiendum. Elegit ex multis Isocrati libris
triginta fortasse Hieronymus, Peripateticum in primis no-
bilis, plerosque senarios sed etiam anapaestos.... Sit
igitur hoc cognitum in solutis etiam verbis inesse numeros
eosdemque esse oratorios qui sint poetici）。

参看狄奥尼修斯《言辞联缀论》第 25 篇。与贵族气派相衬
的演说直接起始于荷马史诗的六韵步诗行，由抑抑扬格的扬音
构成。最末的音步失落了。这致使其未受注目。哦，雅典人！
你们中没有人会认为我（在）。（mēdeis hymōn ō andres Athēnaioi
nomisēi me［pareinai]）。反之，抒情诗若是消除了抑扬顿挫的
成分，看上去便似纯正的散文。《演说家》(55)：

希腊人称为抒情诗人的，尤其是其中最佳者，如果
你去掉他们的音乐伴奏，就几乎只剩下赤裸的演说了。
我们拉丁诗歌里间或亦与此颇为相类；就此，举《梯厄
斯忒斯》为例：

quemnam te esse dicam? Qui tarda in senectute［我
说你是谁？一个迟暮之人]。

等等。若不是长笛伴奏，便确确实实像松散的演说。
然而喜剧抑扬格的三音格诗句在风格的庄严方面总是
欠缺得很，因为它们和日常对话相似，有时竟不可能辨

别出其中的诗体和韵律（maximeque id in optimo quoque eorum，qui lyrikoi a Graecis nominatur，quoscum cantu spoliaveris，nuda paene remanet oratio. Quorum similia sunt quaedam etiam apud nostros，velut ille in Thyeste quemnam te esse dicam? Qui tarda in senectute et quae sequuntur，quae nisi cum tibicen accessit，orationis sunt solutae simillima. Comicorum senarii propter similitudinem sermonis ita saepe sunt abjecti，ut nonnunquam vix in eis numerus et versus intellegi possit）。

伊索克拉底被认为是将韵律添附到无韵律之词上去的第一人（qui verbis solutis numeros primus adiunxerit）。他的学生是厄福汝斯（Ephorus）和瑙格拉底（Naucrates）。亚里士多德，虽是伊索克拉底的一个对立者，亦持相同意见，他禁止演说中出现诗句，却要求演说具有诗的节奏（versum in oratione vetat esse，numerum iubet）。忒俄德克特（Theodectes）更为详尽，塞奥弗拉斯特（Theophrastus）最是精严。厄福汝斯推赞四音节音步（Paean）和长短短格（Daktylus），摒弃扬扬格（Spondeus）与长短格（Trochaeus）；亚里士多德认为长短短格过于庄重，抑扬格则过于普通，他推赞四音节音步。连长短格也被看做一如低俗的荡舞（kordakikōteros），不予以接受。嗣后，在西塞罗处（在昆体良处也是如此）一种全面详备的理论随之而生。首先是种通盘的视点——一个五音节音步（dochmius）：amicos tenes（不读amícóstenés）的范例。继而是"missos faciant patronos：ipsi prodeant"（让他们把庇护人打发走，让他们自己做自己的后盾）（nisi intervallo dixisset：sensisset profecto se fudisse senarium）［他若是没有间歇地说，就必定会注意到自己做出了抑扬格的三音格诗句(六音步的诗)〕。马格涅西亚的赫格西亚(Hegesias of Magnesia)广为人知,受到过狄奥尼修斯(《言辞联缀论》,第 18 篇)和西塞罗(《论演说家》,68)的嘲笑。

有关完整句起讫的特殊规律。其韵律简约地归结如下:

允可的	错误的	推赞的	要避免的
U– / – –	– – / U U̲	– U / – – U̲	– – / – – U̲
U– / – U	U – / U U̲	U̲ U̲ /U – –	UU / – – U̲
– U / – U	– U / U U̲	U̲ U̲ – /UU U̲ U̲	– U / U – –
– U / – –	U U / UU	U̲ U̲ U̲/–UU–	– – / UU – –

推赞的	错误的
–U/–	– / –
U–/ U	U / U
UU–/ U	

演说者必须知晓每种组合方式在何处使用,是既按照音步,又按照音步的顺序(短句,子句,完整句),在何处须分成诸多部分和间歇,以粗硬的韵律,有力而急迫地说。完整句应该用于演说的引入部分(prooemia),表示较为重要的内容;控告之际粗硬,赞颂之际平滑。就庄严而崇高的话题,使用较长的音节;对一切类似于谈话者,则用较短的音节。叙述需较为混杂的音步。迅疾而突然的报告须具有相应的音步,但不是迅疾却微弱的长短格。庄重崇高与长短短格和四音节音步相亲相宜。抑扬格凸出了粗硬。一般说来,粗硬的组合方式总是比微弱的组合方式更为可取。

言说有三种形式:短句(kommata, incisa),子句(kōla, membra),完整句(periodoi)。短句是小型的子句;子句具有完整的意义,短句则无(就复杂句子的情形而言)。子句与诗句相当;它们不必太长,恰如诗中很少有比六韵步的诗行更长的诗句;也不该太短,不然,就成了干瘪的联缀(xēra synthesis)。另一方面,演说含具简截而繁富的短句,便予人激烈(sphodrotēs)的印象。
完整句是子句和短句结合的结果。非完整句的演说呈现汩汩流
动的风格,并连成一串(lexis eiromenē),古人,也就是希罗多德,
即运用过这种风格,除非主题内容完结了,否则毫无休止之处。
与之相对者,为完整句的风格(lexis katestrammenē, hē en peri-
odois)。简单完整句(aphelēs)就只有一个部分,即单一子句
(monokōlos),但它也具有特定的长度,在末尾是圆满完结,因而
不同于汩汩流动的风格。与单一子句的完整句相同的,是纯粹
完整句(periodos haplē)。完整句必须不长于四个子句。演说
中,流动的风格与完整句风格的混融是合宜的:辞藻富赡的演说
(伊索克拉底)可以纯然是完整句。完整句叙述总是需要流动
的风格,恰如吕西阿斯处的情形。

　　在完整句序列内,须始终观察次序、接合和韵律(numerus):
后者已经讨论过了。次序:在独特的词语序列里(尤其是连词
省略),增强始终是必要的。稍欠清晰者,必继之以较清晰者,
较小者继之以较大者。句子须尽可能以动词收尾。对于一切强
调,需使用凸喻。也可能为了韵律而运用凸喻。接合:词语最末
的音节和下一个词语最初的音节绝不可形成可憎之物。此外,
尚有间断,强行插入一个间歇,彼处形成意义的破裂。稍稍令人
不快的是两个短元音的遇合。伊索克拉底和忒俄坡谟浦(Theo-
pompus)避之唯恐不及。德摩斯忒涅(Demosthenes)和西塞罗没
把它看做什么大不了的事。有时它甚至可用以强调独特的词
语:它也呈现讨人欢喜的若无其事的印象。波利比乌斯(Polybi-
us)和普鲁塔克(Plutarch)回避它。资料主要来源:Benseler,
Hiatu in Scriptoribus Graecis (1841)。

　　较坚硬刺耳的辅音的碰撞也必须避免:sx, ss。头韵(homo-
ioprophoron)亦须避免:"ō Tite, tute, Tati, tibi tanta, tyranne,

tulisti"（你反躬自身，提图斯·塔提乌斯，暴君，你造成了这些可怕的灾难）。① 恩尼乌斯（Ennius）。② Iotacism（许多 i 的运用），Labdacism（许多 l 的运用），Mytacism（许多 m 的运用），Polysigma（许多 s 的运用）。这些是"刺耳的声响"（freni）：这般集束（parecheses）在诗中并非罕见：索福克勒斯（《埃阿斯》，866）：艰辛，艰辛上背负艰辛（ponos ponōi ponon pherei）；《伊利亚特》（4,526）：将他全副肚肠向地面涌泻（chynto chamai cholades）；埃斯库罗斯（《波斯人》，1041）：坏人的坏礼物给了坏人（dosin kakan kakōn kakois）。pas、heteros、hosos、hoios、polus 尤为常用。否定的词尾在散文中是常见的，譬如柏拉图（《斐德若》，p.78D）：他决不会在任何地方以任何方式接受任何变化（oudepote oudamēi oudamōs alloiōsin oudemian endechetai）；巴门尼德（166B）：他没有在任何地方以任何方式与任何人有过任何联合（oudeni oudamēi oudamōs oudemian koinōnian echei）。"freni"（刺耳的声响）该归入具有同样屈折形式的词语元音丛、辅音丛，这同样的屈折形式，譬如属格的复数形式，亦即同格复现（Homoioptota）。

同一词语（除开作修辞手段用的词语）的迅速重复是种过错。甚至颇有点西塞罗式的"在我的执政官职权之下，幸运的罗马诞生了"（ō fortunatam natam me consule Romam），也犯了这种错。或西塞罗（《演说家》，3,11）：我们正在调查的事情（ea quae quaerimus），也是如此。一连串单音节的词语也是错的。在《俄狄浦斯王》③（370），有个刺耳的联缀（tracheia synthesis）：

---

① 见《致赫瑞尼翁》，4,12,18。
② 恩尼乌斯（239–169BC），古罗马诗人、戏剧家。
③ 索福克勒斯作。

在其他人那里,但不是在你那里,就你来说,耳朵、智慧、眼睛中,一切事物中,艺术使人失去判断力(all' esti plēn soi. Soi de tout' ouk est' epei typhlos ta t'ōta ton te noun ta t'ommat' ei)。

也注意这个"t"。这类风格及其变换之力频频使用。

奉守伊索克拉底之言者创制了三分法,而后塞奥弗拉斯特《论风格》(peri lexeōs)采纳了;实际上,这只适用于从高尔吉亚到伊索克拉底雅典雄辩术的早期发展阶段,缘起于对修昔底德、吕西阿斯和伊索克拉底的研究。雄伟(gravis)、适中(mediocris)、简单(extenuata)[有缺陷的相应者:臃肿(sufflata)、弛缓(dissoluta)、枯瘠(exile)]:这是康尼蒂修的术语。① 昆体良使用的术语:简朴型(genus subtile)(ischnon),庄重而雄强型(genus grande atque robustum)(hadron),中间型(摛辞抒藻)[medium(floridum)](anthēron)。在史学家当中,修昔底德是庄重风格(charaktēr hypsēlos)的体现,希罗多德是中间风格(charaktēr mesos)的代表,色诺芬是简朴风格(ischnos)的典型。这种区分是哈利卡纳苏的狄奥尼修斯作出的。修昔底德和吕西阿斯被归入同一类。庄重风格和简朴风格作为基本音调与八度音相关联。中间风格的技艺创立者是加尔西顿的忒拉叙马霍斯(Thrasymachos of Chalcedon),而后是苏格拉底;柏拉图寻求简朴风格而不是庄重风格的过程中有更好的运气。酒神颂的勃勃激情是一种缺陷。德摩斯忒涅(Demosthenes)将三种风格的特质全混融了,就像普罗透斯(Proteus),② 这是展显其天才

---

① 见《致赫瑞尼翁》,4,8,11 和 11,16。
② 普罗透斯是希腊神话中的海神,善变。

(deinotēs)之处,在适切的场合运用每种风格。

与这些风格类型相应,有三类写作类型:

(1)简朴、传统、庄重的和谐,完全避免了精美(harmonia austēra kai philarchaia kai semnē kai pheugousa hapan to kompson);

(2)优雅、明洁的和谐,旨在予人印象,极力展现其精美,讨好听众(harmonia glaphyra kai ligyra kai theatrikē, kai poly to kompson kai haimulon epiphainousa);

(3)揉合。

简朴之和谐的代表是安提马库斯(Antimachus),恩培多克勒(Empedocles),品达(Pindar),埃斯库罗斯,修昔底德,安提丰(Antiphon)。

优雅、摛辞抒藻的联缀方式的代表:赫西俄德(Hesiod),萨福(Sappho),阿那克瑞翁(Anacreon),西摩尼德(Simonides),欧里庇得斯(Euripides),伊索克拉底;在史学家之中,则诸如厄福汝斯和忒俄坡谟浦之类。

普通和谐的代表:荷马,斯忒西科汝斯(Stesichorus),阿尔卡乌斯(Alcaeus),索福克勒斯,希罗多德,德摩斯忒涅,德谟克利特(Democritus),柏拉图,亚里士多德。

三种风格和三种写作类型没有完美地相配。属简朴风格(charaktēr ischnos)的写作风格在何处呢?一种添加的风格[随物赋形的风格(deinotēs)]被层层添浇上去(简朴,壮丽,雅洁,第四则为:随物宛转)。

壮丽风格的构成(synthesis megaloprepēs)在子句的起讫处含具四音节音步的韵律。它毫无发音困难(dysphōnia)[刺耳的声响(freni)或拙劣的措辞(dysprophora)]之虑,或间断而生硬的词语之忧。隐喻。简缩了的……明喻,有力且异乎寻常的拼接,新铸之言(onomata pepoiēmena),适度诗意的色泽,修昔底德身为具壮丽风格的名家。[相反物:平淡无味的风格(charaktēr psychros),宜于智力领悟者,象征,等等]。

鲜艳风格(charaktēr glaphyros)妩媚迷人,含着无伤大雅的玩笑,形貌简练,出以谚语,寓言,惊醒眼目的珍异物(leia ono-mata)的择定,完全或主要由元音构成。富有韵律的演说。[相反物:矫揉造作(kakozēlon),装模作样的瞎扯]。

简朴风格使用日常口语作为自身的准绳。它运用醒目的成分(dipla onomata)、崭新的词之配列(pepoiēmena),喜欢将事情叙说两遍。明晰(enargeia)和具说服力(pithanotēs)乃是要务。[相反物:干枯的风格(xēros charaktēr)]。

随物赋形的风格偏嗜强势之物,是短句而非子句,喜爱强有力的构成状态,小觑对照和同化(paromoia),多半使用带两个子句的完整句,施展佯不提及(paraleipsis),拟演(prosopopoiia),词语重复(anadiplosis),首语重复(anaphora),尤其是透析、旁插(dialysis)(省略了连接词)诸技。以此而有:连词省略,渐进表达(climax)。[其相反物乃是平淡乏味的风格(charaktēr acharis):无所顾忌的表达,赤裸裸,等等]。

表达风格(elocutio,lexis)讲毕了。

十、关于立场的准则

选题(inventio)是对材料的发现。事先作术语的必要界定。廊下派的理解(noēsis, intellectio)对象[准则(nomos),发现(heuresis),布局(diathesis)]得到了如此的描述。苏尔匹体乌斯·维克多(Sulpitius Victor),页315：

> 首先,是一般命题还是前提,必须弄明白。一旦将其确定为前提,也就是论辩,就须弄明白它是否成立,而后是属于哪一类,而后是它为何种模式,而后是所处的立场,最后是它的修辞格(intelligendum primo loco est thesis sit an hypothesis. Cum hypothesin esse intellexerimus, i.e. controversiam, intelligendum erit an consistat, tum ex qua specie sit, deinde ex quo modo, deinde cujus status, postremo cujus figurae)。

如此,一般命题(theseis)适用于一般性质(哲学意义)的无穷问题(quaestiones infinitae),前提(hypotheseis)适用于特定的情形、有限的问题(quaestiones finitae)。

　　一般问题分为理论命题(quaestiones cognitionis)和实践命题(quaestiones actionis),也称为政治的一般命题(theseis politikai)(譬如人们是否必须为国操心,是否应经商)。对演说者而言,诸命题只是作为前期操练方成为问题。事实上,与演说者相关的只是特殊的情形(特别的事件,人物,时间),即论辩的主题(caussae controversiae)。关于情境(peristasis)的个别问题是何等,何时,何处,为何,在何种程度,以何类手段(方式)[quid, quando, ubi, cur, quemadmodum, quibus adminiculis (aphormais)]。

　　在理解(noesis)里,演说者一旦认识到自己正在谈论前提,就会研究它是否成立(an consistat),或是否为无法成立的主题(asystaton)。问题受不同的判断[是或否,kataphasis (affirmatio), apophasis (negatio)]的约束,[在法庭类演说(genus iudiciale)里,则有特殊的原告的指控(accusatoris intentio or insimilatio)和被告的反驳(defensoris depulsio or deprecatio)]。倘若原告说,“你杀了一个人,”而被告说,“我没有杀他,”于是就产生了被告是否杀他的问题。与原告的指控相耦的被告的否认,这是首要的立场,也即论辩主题得以在其中成立的那个立场(status prima deprecatio defensoris cum accusatoris insimulationis coniuncta, status, stasis, quod in eo caussa consistat (Bestand))。

　　须正确地评判关于无法成立的主题(asystata)的理论对于激辩的价值。立场(stasis)只产生于指控(kataphasis)和否认(apophasis),两者均须具有支撑自身的理由:原告赖以指控者,称为根据(aition)(据以起诉的事实)(propter quod res in iudicium devocatur),对方据以否定者,称作主要论据(synechon, frmamentum)(其中含纳了全副抗辩力量)(quo continetur omnis defensio)。从根据和主要论据产生判决(to krinomenon),法庭裁断的目标。

无法成立的主题只有四种：

(1) 缺乏前提的必要成分(hypothesis elleipousa, kat' ellipes)。在此,前提的一个必要成分省略掉了,要是父亲在没有任何理由的情况下赶走了儿子,即是如此。与理由一样,人物、地点或具体情境的任何其它一个组成部分(morion peristaseos),皆可能缺乏。

(2) 两方配比平衡的前提(hypothesis isazousa isomerēs)。两位年轻人,比邻而居,都是室有美妇。他们彼此都看见对方在夜里离开了自己的房间,并相互指控通奸：

> 你欲犯通奸罪是可信的,因为你是年轻人。"你想犯通奸罪也是可信的,因为你也是年轻人。"因为我有美妻,这事是可信的。"就你来说也是可信的,因为我也有美妻。"相邻近给了你机会。"也给了你同样的机会。"你夜里进我的地方来作什么？"你进我的地方来作什么？"(verisimile est te adulterium voluisse committere quia adolescens es. – "te quoque verisimile est voluisse quia adolescens es." verisimile est quia speciosam uxorem habeo. "te quoque verisimile est, quia et ego speciosam uxorem habeo." facultatem tibi vicinitas praebuit. "et tibi eadem vicinitas praebuit facultatem." cur nocte in me? "cur tu autem in me incidisti?")

(3) 单方面的前提(hypothesis monomerēs)。一方缺少主要论据,任何抗辩都是不可能的。

（4）陷入困局的前提（hypothesis aporos）。根据和主要论据在此都缺失，因此，法庭不能作出任何判决。举个议事类演说（genus deliberativum）的例子：某人梦见他不相信什么梦。他醒来后会做些什么呢？倘若他相信梦，那么，就是他不相信梦；假若他不相信梦，那么，就是他相信梦。

各种具体立场（staseis）。演说者可以四种方式替自身辩护。

首先，他可否认自己做过此事。

其次，他可说所指控的名目并不符合事实。

第三，他可使之显得是无意之举，借以替此事辩护。

第四，他还可说对方没有正确地作出指控，他可攻击原告或法庭的作证能力：由此，企图延缓判决。（以上四种可分别称为：）

（1）猜测性的立场（status conjecturalis）；

（2）界定性的立场（status definitivus）；

（3）关于性质的立场（status qualitatis）；

（4）抗诉（translatio）。

首先：1. 猜测性的立场（status conjecturalis, stochasmos），属确定是否存在的问题（an sit）。做没做过这件事，虽然无法确定，但论辩（controversia）事实上已经产生，也即可通过猜测（Conjektur）来指出是否做过此事。埃阿斯意识到自己疯狂中做出的事情，便在森林里伏剑自尽。尤利西斯走来，拔出了染血的兵器。忒乌刻尔来到，看见了他死去的兄弟，同时看见了兄弟的敌人，便控告他谋杀。古人的法庭演讲大多属猜测性的立场。人们在完全的猜测（conjectura plena, stochasmos teleios）和不完全的猜测（non olena, atelēs）之间作出了区分。前者，人和事都要通过猜测指出；后者，只猜测事。按照所涉是一人一事、还是多人多事,两者又都可分为单(haploi)和双(diploi)。

2. 界定性的立场(status definitivus, horos horismos),属确定是什么(quid sit)的问题,争议的不是做没做过此事,而是原告所指控的名目,也即关于罪名的论辩(controversia criminis)。

佛拉弥尼乌斯(C. Flaminius)身为保民官,在造反期间,向人民建议土地改制法,违背了元老院和贵族阶级的意愿。正当他在主持人民大会之际,他父亲将他带出了会堂。他父亲受到损害尊严罪(Majestätsverletzung)的指控。

指控:你将保民官带出会堂,亵渎了尊严。

回答:我没有亵渎。

问题:他损害了尊严吗?

理由:我运用了身为父亲的正当权力。

答覆:无论是谁,基于私人权力的理由侵害了人民权力,就是损害了尊严。

判决的要点:某人运用了父亲的权力,违犯了保民官的权力,是否算损害了尊严。

界定性立场还可进一步划分为单和双。后者再分成五类:horos antonomazōn(换称式界定), horos kata syllēpsin(囊括式界定), horos kata prosōpa diplous(双方当面对质式界定), horos empiptōn(追加式界定)和 duo horoi(双重界定)。①

在(1)里,一个行为,被原告和被告置于不同的概念之下。

在(2)里,双方提出的两个名目恰似种和属的关系,原告采用了被告提出的界定,但将其置于一个更高的属概念之下。

---

① 尼采原注:双的三种特殊类型:stych. empiptōn, prokataskeuazomenos, synkataskeuazomenos。在第一种类型里,调查的程序进到必须据事实确定予以解决的阶段。在第二种类型里,进到必须在真正的据事实确定开始之前予以解决的阶段。在第三种类型里,事实的种种证据得以确立,且彼此间相互证实。

（3）在 horos kata prosōpa diplous（双方当面对质式界定）里，两造均就某事为自身辩白，或为同样一个问题争吵。

（4）在 horos empiptōn（追加式界定）里，一个额外的问题插入于一个正在进行界定的情况（constitutio finitiva）：例如，一个对神秘仪式一无所知的教外人士在睡梦中目睹了神秘仪式，于是将其所见告诉一个教内人士，问他这是否是神秘仪式。后者点了头，于是被指控泄露了神秘仪式。

第一个问题是：泄露神秘仪式意谓着什么？那就是一个正在进行界定的情况。

继之而来的问题是：什么算是教外人士（Uneingeweihter）？

（5）对于某个人，可寻出两种界定：法律规定，只有纯净者及其后代有资格成为祭司（ton katharon kai ek katharou hierasthai）。有人被褫夺了祭司的封号，因为他杀死了犯通奸罪的父亲。

3. 关于性质的立场（status qualitatis）：关于性质（poiotēs）的或者有关合法性的（iuridicialis）立场，属确定是什么样（quale sit）的问题。它涉及所做事情的特性，其容许与否，合法或非法，有用或无用。

忒拜人征服了斯巴达人，此际，他们竖立了一座青铜胜利纪念柱，按习俗，胜利者在敌方的领土上设立纪念柱，作为重大胜利的象征。他们因而遭到近邻各邦联盟①法庭的控告。

指控：这是不容许的。

回答：这是容许的！

问题：这是否允许发生？

理由：我们在战争中凭勇敢赢获了这般声誉，我们想为此

---

① 近邻各邦联盟是古希腊为了捍卫共同宗教中心而成立的。

给子孙后代留下一个永久的纪念物。

　　反对理由：希腊人不该竖立向希腊人开战的永久纪念物。

　　判决的主题：若希腊人树立了与希腊人作战的永久纪念物，用以庆祝他们超乎寻常的勇敢，他们的所作所为是正义的还是不正义的？

　　对性质立场的细分：

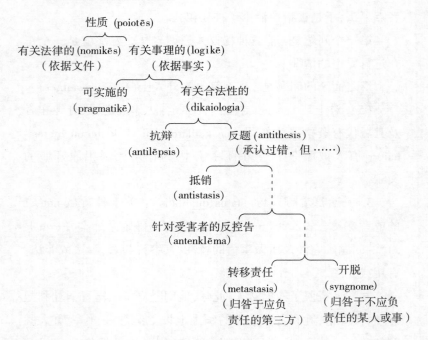

　　性质要么要求以所做事情为基础，要么要求以法律规定为基础。在后者的情形里，就是有关法律的情形（stasis nomikē，genus legale）。在前者，则是有关事理的情形（stasis logikē，genus rationale）。所做事情或是将来的，或是已经发生了的：将来之事给出可实施的情形（stasis pragmatikē, constitutio negotialis）；已发生之事，则给出有关合法性的立场（dikaiologia, constitutio juridicialis)（或严格意义上的性质的立场）。此刻,被告承认或否认他的所作所为是过错。倘若他宣称行为是合法的,就产生了抗辩,或绝对的有关合法性的立场(antilēpsis, constitutio iuridicialis absoluta)。倘若他承认所作所为是种过错,但试图通过引举随之而生的事实来进行开释,那么,就出现了反题(antithesis)。

获得承认的有关合法性的立场(constitutio iuridicialis assumptiva)：在此情景,被告承担罪责,承认那罪行是种过错。

——抵销(antistasis, compensatio)：他表明,从其他方面来看,行为的有益之处远远超过了对法律的违犯之处。这包括对某种行为的辩护,因为若是排除了这一行为,则会出现更坏的情形。

——或是被告将无可否认的错误行为归因于某种外在的东西:没有一般的术语可概括这点。

细分：被告转而以此犯法行为控告受害者本人,反诉,反控告(antenklēma, relatio criminis),这是获得承认的有关合法性的立场(constitutio iuridicialis assumptiva)最强有力的亚型。某人声称因他人行为不端而被迫做了某事,譬如俄瑞斯忒斯由于母亲的罪行而犯了弑母罪[而倘若俄瑞斯忒斯说自己的行为有益于全希腊,那么,这就是抵销(compensatio)]。

——被告若是将犯法行为转移给另外的某事某人,而不是受害者,也缺少一般的术语来概括。人或事或是可被要求解释,或是不可被要求解释。前者导致转移责任(metastasis, remotio criminis)（其时,有人说,我在某某人授意下做此事的）。后者是开脱(syngnōmē, purgatio)：被告十位海军将军没能把溺毙者的尸体全部搜寻上来,是受风暴所阻之故。

4. 抗诉(translatio, metalēpsis, paragraphē)。最后,被告还可以说诉讼的提起不适当:他试图以此延缓判决。由于单纯的抗诉容易产生被告不敢为自身案件辩护的印象,因而抗诉经常与形式上的辩护相结合,就好像是出于实用考虑而进入法庭的直接审理阶段一样（hōs tēs euthydikias tou pragmatos eishēgmenēs）。与抗诉相反者,是无异议的审理(euthydikia)。

十一、诉讼样式和手段

　　这些构成了认识活动(intellectio)的下述对象：依据何种观念(ex qua specie)，由什么组成(ex quo modo)，具有何类形式(cuius figurae)。雄辩家的术语变换无定：表达手段(genera figurae，schēmata)和式样(modi)时而用于此类别，时而用于彼类别。

　　首先，诉讼案件(caussae，species)的分类。众所公认的(genos endoxon)，不为人公认的(adoxon)，令人生疑的(amphidoxon)，出乎意料的(paradoxon)，费解的(dysparakolouthēton)。对象看起来值得或不值得坚持或卫护(众所周知的或不为人知的)。人物或引起争辩的案件看上去几乎不值得重视(酒吧女侍的偷窃行为)。对象可以具有混杂的性质，一个正派的人，却有一种不雅的举动，亦即是令人生疑的。还可以是诸如人们惊叹于某人如何能为之辩护之类，亦即出乎意料的。最后一类则是极为复杂而费解。

　　其次，前提(界限)的分类。诉讼案件或是简单的，或是诸多问题的缠结(iuncta ex pluribus quaestionibus)。

　　第三，(形式)的分类，涉及案件的某种特性，它对表达方式来说是重要的。一是伦理类（qenus ethicum），人物和案件是应受谴责的。代言人必须扮演他代表的人物的角色（ēthos）。二是激情类（genus patheticum），要考虑所涉人物的激情，因为是激情引发了他的暴力行为。三是可明确论证类（genus apodicticum），只需引入证明即可。四是不确定类（genus diaporeticum），讼案本身是非常不确定的，因而必须非常小心地处理。五是混合类（genus mixta），要考虑到以上多种类型。对讼案之处理方式（ductus caussae）[亦即表达方式（genus figuratum），处理方式就是指在任一修辞方式下都贯穿整个讼案审理始终的基本做法（ductus est agenda per totam caussam tenor sub aliqua figura servatus）]还有另一种分类方式。① 简单方式（ductus simplex），演说者之指归与言辞吻合无间。在精致方式（ductus subtilis）里，演说者首先寻求与其言辞表述相歧出的指归。在饰辞方式（ductus figuratus）里，演说者顾及体面，不公然道出自身的想法。他以隐蔽的手法，让人明了其指归。在迂回方式（ductus obliquus）里，除了有未能使演说者如愿以偿这一危险以外，亦与前者相同。混合方式（ductus mixtus），则是以上诸法的杂揉。倘若没有一个贯穿演讲始终的处理方式，所用的术语便是点染（chrōma）。诸法的希腊文术语是 schēmatismos enantios（精致方式），schēmatismos plagios（迂回方式），schematismos kat' emphasin（饰辞方式）。

---

① 傅迻轲缦纂辑《修辞学》第 112 页所引。

十二、庭辩辞的诸部分

五部分：引言（prooemium，prooimion，exordium），论据陈述（narratio，dihēgēsis），证明［probatio，有充分根据的证明（pistis），严密的证明（apodeixis），推定的分析（kataskeuē）］，辩驳（refutatio，lysis，anaskeuē），结语（最后陈述，辩论终结）（peroratio，epilogos）。

此外，分类（partitio）和论点陈述（propositio）也可添附到证明中去：

最后，离题（egressio，excessus）不是（独立的）一个部分，而是附加于诸部分之上，它是从诸部分处偏离的。

在西塞罗（《演说家》，35，122）处总结道：

> 除了下述五方面之外，还剩下什么属于技艺呢？演说的顺序安排要能赢得听众的好感，或唤起他们，或使其处于容易接受的精神状态；对案件的陈述要简洁、可信、明确，以使人们理解处于争辩中的问题；坚持自身的立场，反驳对手的立场，条分缕析地进行，但提出的每一个论证要很有说服力，使其与为坚持自身立

场而主张的原则相一贯；最终致演讲的结束语，或是加剧听众的激情，或是予以平息。(quid iam sequitur, quod quidem artis sit, nisi ordiri orationem, in quo aut concilietur auditor aut erigatur, aut paret se ad discendum; rem breviter exponere et probabiliter et aperte, ut quid agatur intelligi possit; sua confirmare, adversaria evertere eaque efficere non perturbate, sed singulis argumentationibus ita concludendis, ut efficiatur quod sit consequens eis, quae sumentur ad quamque rem confirmandam; post omnia perorationem inflammantem restinguentemve concludere?)

引言(Prooemium)。① 西塞罗(《论演说家》, 77)往往倾向于在最后方考虑演讲的起首部分；他若是入手之初即考虑起首部分，那么，"我就会仅仅觅及一些窘乏而庸腐的东西。"

引言作为演说者最前面的观点和建议，极为重要：他必须即刻赢获听众的心。执政官 L · 马尔基乌斯 · 腓力普乌斯(L. Marcius Phillippus)常常说：他只在手臂感到炽热激奋，方跃跃欲战。

与之相反，西塞罗则说即便剑师初时也是平缓地舞动长矛，以节省气力，留与以后，且展显优美的姿势。内容不是取自外在，而是从讼案的内在挖掘出来。人们通常须探究和细察事情

---

① 尼采原注：忒俄德克特(Theodectes)：演说家的任务：在其引言处激发善意，接着使其言辞处于可让人接受的状态，在自身的控制之下，引生可靠感，使人信服，最后，将其思虑归结在是意欲引致忿怒之情还是平和之势(ergon rhētoros, ōs phēsi Theodektēs, prooimiasasthai pros eunoian, dihegēsasthai pros pithanotēta pistōasthai pros peithō, epilogisasthai pros orgēn ē eleon)。

的全貌,发现所有证据,并分门别类。开篇最好自辩护的要害处截取,自证据方面最为丰富的材料中截取。演说辞的开篇之于案件,犹如门廊和堂庑之于屋宇。在极琐碎的事情上,切要地说清楚,此为最佳。开篇应与此后的演说辞紧密勾连,如此,它看起来不像引子,恰似整个大厦的组成部分。

开篇的意见必须撷取自被告,原告,讼案,或听众。

取自被告者,将其描绘成忠厚的人,受恶运的纠缠,值得同情;

取自原告者,则述说与之相反的言辞。

取自讼案者,将它描绘成残暴,无人性,意想不到,无辜,无可弥补,不能挽救。

取自听众者,则意欲赢得其支持。如此,听众是最为关切的:其必须呈现赞同的倾向,聚精会神,容易驾驭(benivolus, attentus, docilis)。

为了取得法官的支持,演说者适度地稍稍谈一下自身。对演说者来说,至关重要的乃是被看作好人(vir bonus),以便获取可信度,其作为辩护者的派性隐入不引人注目之处。他如果设法使自身的辩护不引致唯利是图、煽动仇恨、野心勃勃之类的疑虑,便可获取好名声。在反驳安德罗提翁和提摩克拉底的演说辞的引言里,德摩斯忒涅(Demosthenes)说道:"我们几乎总是发现辩护者(synhēgoroi)竭力为其出庭者辩护,从法官的目光,引用他们对委托人的友谊,或他们对对手的仇恨,或其他适切的理由,来消除他人以为自身是为了钱财而受雇的疑虑。"

让自身显得在论据方面不充分,事先无周密准备,敌不过对手,这也是值得一试的:人们尤其须谨慎地隐匿自身的雄辩:技艺之标识乃是将技艺之迹隐匿灭没(artis est artem tegere)。人们可假装畏惧对方的律师,畏惧其雄辩,其个人影响力,如此,法官便对其投以怀疑的目光。

许许多多小技巧的运用当然依据讼案的种类(genera causa-rum)而定。

在令人疑惑不定的讼案(amphidoxon)里,人们首先须赢得法官的好感,使其倾向于己。

在隐晦不明的讼案(dysparakolouthēton)里,主要是使法官了解情况,处事明智;

在不为人所知的普通讼案(adoxon)里,则是使其专注。

众所周知具正义感的讼案(endoxon)本身已足以将法官争取过来。

异乎寻常的讼案(paradoxon)则运用特殊的手段,尤其是旁敲侧击(insinuatio),经此,无声无息地潜入听者的头脑里。

一般说来,人们应避免损害对讼案有助的方面。假若尽可能多地获取亲善是优先考虑者,则其次考虑者为尽可能少地引致憎恶。

至于无法否认者,必须指出其比所说的要轻微,或点明在其背后含有不同的意义。如此,它便与目前的问题不相干,或是它已经受到了充分的惩罚。

对手的表演若说服了法官,此时旁敲侧击(insinuatio)便是必不可少的。我们会立刻抓住企望中的证据,略为提及下一个用于辩驳的证据。法官若是疲顿了,我们会激起一线希望,也可讲个笑话。

至于引言的形式,它该保持没有什么奇崛的表达,没有什么独特的隐喻。吞吞吐吐和结结巴巴通常最引入怀疑:离开港湾之际,撞碎了自己的船,这是最糟糕的舵手。

引言的种种谬见:它必须是不凡的,不可适用于多个讼案。须是独有的,对手必定不能使用它。不可互易,对手必定不能利用它,使之对己有益。不是分开的,与讼案没有关联。不是转化的,不牵强,除了讼案需要者之外,并没得到另外什么东西,必须激发听者的亲善之意时,引言必须不对其指手划脚。讼案需要旁敲侧击之际,引言必定不是一个开首而已。引言必须简短。

论据陈述(narratio, dihēgēsis)。陈述并不总是必要的。人们不是谈到小事,而是述及法律问题(poiotēs nomikē, genus legale),或在重述之前,一切都已经解释过了,此际,可省略陈述。如此,介绍(katastasis)可能出现,亦即事实(论据)的简短阐述(psilē ekthesis pragmatōn)。

陈述的诸多规则(topoi)。

初步陈述(prodihēgēsis),在讼案诸事实描述之前的讲谈;也称作 prokatastasis。对意图和计划的陈述(hypodihēgēsis),讲述的艺术,连同行为,行为的动机、计划和情境,同时并现。

附带的陈述(paradihēgēsis)实际上不属讼案范围(extra causam),但有助于说服法官赞同我们对论据的描述;它在特定程度上是对正题的一种偏离,一种令人愉快的偏离,然而在某种程度上也意在强化正题。由此而当作相类似的情况和先例。

反陈述(antidihēgēsis)乃是针对敌手的陈述。

在作证据用的陈述(katadihēgēsis)里,陈述起证据的组成部分的效用。

重复的陈述(epidihēgēsis, repetita narratio)在证据之后找回上次讲到的地方。

要求乃是陈述须明晰(saphēs, lucida, aperta),简洁(syntomos, brevis),可信(pithanē, verisimile, probabilis, credibilis)。

西塞罗(《论演说家》,2,80)则反对简练。人们若只是将简练理解为绝对必需的辞语一样，便是有害的，不惟因其引致晦涩，且以其无味，少趣。人们间或须费一番神：因此牵涉在内的种种人物得各有其面，生气郁勃。

明确在此较其他任何地方都更为重要：含糊的陈述使整个演说都显得含糊。

可信性使情境（证据）（peristaseis）显得恰当而完整：人物，事件，地点，时间，原因［情境（证据）的组成部分（moria peristaseōs）］。讲述重大事件须原原本本，也就是从前因后果系统地缕述。某些事物是真的，然而不可信，这关系重大。虚假的却常常是可信的。讼案的陈述部分或对我们来说是完整的，或对敌手来说是完整的，或两方皆是。在第二种情况里，它依讼案的种类（genus caussae）和立场（staseis）而定。确定性的情形（status definitio）之下，当证明涉及行为种类时，人们可在必要的条件之下承认所作所为。如果问题涉及事情是否发生，或如何发生，推测性的情形（status conjecturalis）和性质的情形（status qualitatis），那么，陈述便无可避免：因为不然的话，法官就会判断人们承认原告言过其实的描述为真。虚构有时是必不可少的。它们必须极其可信。演讲者在演讲过程中也要不遗忽它们。

偏离（egressio, parekbasis, ekdromē）。偏离这种表达方式，虽则离题，却是战斗中的伙伴（parekbasis de esti logos exagōnios men, synagōnizomenos de pros agōna）。令人愉快的偏离一般在提出自身立场之前呈现出来。其次，在陈述之末或证明之始，也允许偏离。在此，赞颂人物和场合，描绘范围，散播趣致盎然的寓言，皆属此类。（在演讲辞《韦礼尼》里，对西西里的赞美和强取普罗塞耳皮娜的叙述。演讲辞《为阿尔基亚辩护》，论述了文学的价值。）插入（parenthēkai）撰史人的一段人生经历属偏离的概念范围。演讲者回到正题的套话,我偏离了很长一段,但现在我回到正题(longius evectus sum, sed redeo ad propositum)。偏离有时候也坐落于别处,在引言结束之前或正好在引言之后。

论点的陈述、趋于分列的论点陈述(propositio ad partitio, prothesis)呈现对事物的探求(zētēma),显示演讲的真实主题。它附于陈述之尾,但也可居于陈述之前,甚或插于陈述之内。这对确定的情形(status finitivus)极为有用,因而法官会意识到自身的工作乃仅仅为探究何等措辞正确地指明了事实。针对被告,可作出一、二或数项指控。论点陈述便相应为单纯、双重或多重的形式。就法官必须作出决定的事情,人们明确地为他说清楚。

我们或对手或双方的论点陈述,其有条不紊的枚举是分列(partitio)。在每一项分列里,某个观点总是最重要的;法官听到这点,通常将其他各项看作是多余的。我们若是提出数个论点,分列是很恰当的。但当我们从不同方面替某种过错辩护,分列便是无用的。当辩护人分列道:

> 我以为我的当事人不是那种犯谋杀罪的人,这看
> 来是可信的:我认为他没有理由杀人;我将证明那人被
> 杀之际他在国外

——继最后一项之后,其他一切都是多余的。西塞罗[《论选材》(*De Inventione*),1,23]引及一个好例子:我将证明对立双方都能够做并想做且已做了我们声称的事情(ostendam adversarios, quod arguimus, et potuisse facere et voluisse et fecisse):证明最后一项,便足够了。许多法官都驳回这样的辩护:"如果我杀了人,那我就无可抵赖,但我没有杀人。"如果第二项是确凿的,那为什么要列出第一项! 但当它不是十分确定,则对演说者运

用下述两者皆有利,一是作为确实方面(pars absoluta),再是作为假定方面(pars assumptiva)。确定的方面能让人一贯到底,不确定的方面则必须运用数项。在恰当的时机运用分列,产生令人愉快的效果:法官注意到某一部分结束了;就像人们作了长途旅行,此际,见到了路上英里里程记号作出的标示。霍尔腾西乌斯(Hortensius)①以此而著名,但西塞罗有时候拿这种拘泥的形式开玩笑。

证明(probatio, argumentatio, pisteis kataskeuē kephalaiōn, agōnēs)。好些人把它与反驳结合在一起,因而它是最重要的部分,绝不可缺失。

照亚里士多德的意见,有充分根据的证明(pisteis)分为非技艺性的证明(atechnoi)和技艺性的证明(entechnoi)。居于技艺之外的证明不是由演说者实现的,它们是手头现成的,演说者只需运用它们;那些居于技艺之内的证明则必须予以发现。

1. 非技艺性的证明所据者:法律,见证,契约,拷问之下的供认,誓言。

归入法律一类者,是立法机构的裁断,大众的公民复决,法庭的判定,等等。

归入见证的陈述一类者,为上帝的箴言,神谕,预言。

亚里士多德添加了第六个类:要求(proklēseis, provoca-tiones)。一方要求另一方做出某种举动,以便由此了结法律纠纷:一句誓言,文据的让与,使奴隶屈服于拷问。要求的接受或驳回遂成记录审判的事情:驳回被看作是对理由不充分的或然的证明。

法律。若成文法对其不利,演说者须吁求普适法或者公正:

---

① 霍尔腾西乌斯是位著名的演说家,西塞罗的竞争者。

甚至法官的职责宣誓,按照自己的最好意见来判决(gnomēi tēi aristēi),也表示了他不会不加区别地运用成文法。法官属银器鉴别者(Münzwart)之类的角色,将正义与非正义区分开来。若成文法对演说者有利,他便说"据自身最佳的辨识力和道德心",这一表述并非意味着法官应作出与法律相悖的判决,而仅仅是防他万一不清楚法律所述的内容,也不至于违背誓言。但不运用某条法律规定,与其仿佛不存在,两者如出一辙。欲比医生知道得更正确,这极有危害:而医生的错误较诸日益增浓的违抗权威的倾向,其危害远为轻微:欲比法律更方便使用,这在公认的有效法律里遭到明确禁止。

初步判决(praejudicia):首先,在同样的法律根据之上作出判决(res quae aliquando ex paribus caussis sunt iudicatae)。其次,已宣布的判决与有待审理的讼案本身有某种联系。第三,在下级法院,已对讼案本身作出判决。

公众话题(rumors)被诉讼的某一方视为公众意见、公众证词。对另一方来说,它们是因轻信而扩大恶意的结果。

拷问之下的招供。西塞罗《为苏拉辩护》(*Pro Sulla*)(第28篇)内反对此举:

> 公诉人以拷打审问奴隶的方式威胁我们。凭这点威胁我们,虽则毫无危险,然以拷打来审问的方式里,痛苦是目的所在,每人的精神与肉体的属性左右着这点,审讯人以此为指归,激情将它转移了开去,希望则使之失效,恐惧削弱了它的强度,在这般逼仄的困境里,便没有给真相留下什么地盘(quaestiones nobis servorum accusator ac tormenta minitatur:in quibus quamquam nihil periculi suspicamur,tamen illa tormenta gu-

bernat dolor, moderatur natura cuiusque cum animi tum
corporis, regit quaesitor, flectit libido, corrumpit spes,
infirmat metus, ut in tot rerum angustiis nihil veritati loci
relinquatur）。

　　与此相对,人们可说拷问之下的招供比证人更为可靠,因为
证人往往发现说谎对他们有利,而受到拷问则供出了真相,以便
尽可能地免遭皮肉之苦。

　　誓言。倘若将誓言包括在内对我们有利,则可说:没有人会
毫无受神灵惩罚及人前出丑的恐惧而去犯假誓罪。人们不能对
神灵隐瞒假誓。如果敌手采用誓言,我们就应借以下说辞缩小
其重要性:违法者不怕犯假誓罪。然后引用诸多假誓的例子。
敌手也应发誓,若无此前提,则主动提出自身的誓言,就被视作
是近乎不虔敬的。无论谁拒绝已提出的誓言,都将点明不均等
的情势,他以大量证据支持自身的论点,而对方却欲如此轻易地
逃脱惩罚;许多人对假誓几乎没有什么恐惧,尤其是因为哲学家
教导说,神灵对人类毫不关注。所陈述者,没有留下一丝让人觉
得是否为虚假发誓的疑惑,这点应表现出来。

　　证人的证词要么记录在案,要么亲自出庭陈述。前者较便
于攻击:证人当着为数众多的陪审员的面,不大可能作出虚假的
证词。他的缺席可解释为缺乏自信。针对证人亲自作证,人们
依此进行:(1)讲演(actio);(2)反诘问(interrogatio),①以紧凑
而环环相扣的言辞展开。证人的证词已是现成可用的,此时运
用讲演;证人的证词依然处于引出状态,此时则运用反诘问。后

――――――――――

① 指诉讼当事人一方向对方证人就其提供的证词进行盘问,以便发现矛盾,推翻
　 其证词。

者不是演说者的任务,而是律师的工作,譬如争辩(altercatio)的情形,这是罗马审理体系所特有的:在宣布判决之前,律师们彼此之间连续地提出种种简截而出其不意的问题。

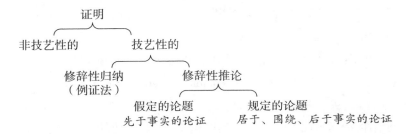

2. 技艺性的证明,一种逻辑的运作,经此,不确定之物依靠确定或或然之物——证明(pistis, argumentum, argumentatio),从而获取了可信性。证明(apodeixis)不是修辞学术语。每个证明皆受到归纳(凭借实例)或推论(演绎)的检验。于是,证明(pisteis)分为修辞性推论(enthymēmata)和修辞性归纳(para-deigmata)。① 修辞性推论分为确凿的证据(deiktika)和反驳(elengtika)。若基本推论是完整的,包含大小前提和结论,则称作引导或逻辑论证的证明(epicheireme,与结论性的三段论相

---

① 修辞性三段论从可信的前提出发,修辞性归纳依据真实或虚构的事例来证明。罗念生译亚里士多德《修辞学》道:"修辞术和论辩术一样,采用归纳法以及真正的和假冒的三段论法来提出真正的和假冒的论证,因为例证法是一种归纳法,修辞式推论是一种三段论法。所以我们称呼恩梯墨玛(enthymēmata)为'修辞式三段论法',称呼例证法为'修辞归纳法'。……用许多类似的事例来证明,在论辩术中叫作'归纳法',在修辞术中叫作'例证法'。如果有了某些命题,由这些普遍被认为或多半被认为是真实可靠的命题推出另一个与它们并列的命题来,这个方法在论辩术中叫做'三段论法',在修辞术中叫做'恩梯墨玛'。"(《修辞学》第25-26页)罗念生在前书第22页译注道:"'修辞式推论'(意思是'演说式推论','推论'指'三段论法的推论')原文是enthymēmata(恩梯墨玛),这个词从公元一世纪起就被误解为'省略式三段论',这种三段论的前提之一没有明白说出,但又能从已说出的前提中得出。"

对）。哈利卡纳苏的狄奥尼修斯说吕西阿斯仅靠修辞性推论来
证明，而伊赛乌斯（Isaeus）和许珀里得（Hyperides）则也运用逻
辑论证的证明。

　　对单独的证明来说，所有证明均可分成先于事实的论证，居
于事实的论证，围绕事实的论证，后于事实的论证（loci ante
rem，in re，circa rem，post rem）。

　　因为先于事实的论证是假设的论证，亦即诸如论及情境
（peristases）、事和人的综合（complexus rerum personarumque）之
类，经此，被探查之物（zētēma）成为一种假设：其余居于事实的论
证，围绕事实的论证，后于事实的论证，则属确切的论题，它们处
理的主题处在每个脱离了情境之后的假设当中。第一组论题是
具体的人和物，第二组论题是抽象的逻辑之物。在先于事实的论
证内，为名称，自然属性（性，男人或女人，民族，祖国，亲属，年龄，
身体和精神的自然特性），生活方式（教育，讲授，教师，朋友，职
业，财富的管理，家庭的习惯），命运（奴隶或自由人，富人或穷人，
平民或身具公职，幸福或悲惨，赫赫有名或默默无闻，他有何种样
的后代；就已死者而言，他有何种样的终局），精神和肉体的状态，
研习，计划，意图，作为，言谈。而后涉及讼案：地点，时间，机会，
情境，常用来完成事情的手段和工具。而后涉及原因：我们行为
的立足点首先要么集聚于私人财产的保全、增益或获取，要么集
聚于灾祸的避免、解脱、减轻。灾祸源于虚假的意见，错误，激情，
愤怒，仇恨，欲望，恐惧；而后涉及某些次要之事：醉酒，无知。

　　确切的论题（纯理论的论题）是：

　　1. 居于事实的论证，首先，从整体到部分的推论，反之亦
然。例子：如果他背叛了整个共和国，而共和国是由诸多事物来
表现的，则他背叛了骑士阶层是可信的（si totam rem publicam
prodidit，quod ex multis rebus ostenditur，non est incredibile eum

classem et equitatem prodidisse)。① 然后,从定义中引出诸种证明;一个定义取决于属(genus)、种(species)和种差(differentia),最后还有固有属性(proprium)。"动物"是属;"终有一死的动物"是种;"陆生"是种差;最后,"具有理性的"是一种固有属性。一个普通的证明:

> 因为某个女人继承所有钱财,她必须继承屋内已清点及剩余的钱财;因为种在保持自身名称的范围内绝不能与属相分离;但已清点的钱财保持了钱财的名称:所以她似乎继承了它(quoniam argentum omne mulieri legatum est, non potest ea pecunia, quae numerata domi relicta est, non esse legata; forma enim a genere, quoad suum nomen retinet, numquam seiungitur, numerata autem pecunia nomen argenti retinet: legata igitur videtur)。②

一个属分成种,叫做划分(divisio)。例子:

> 你追索贷出的款项;那么,或是你自己拥有了这笔款,或是你从某人那里收到了款,或是你设法将它追回或智取。但如果你家里没有这笔款子,又没有……等等,那么,你没有贷出任何款。

这是通过排除(ex remotione)而得的证明:

---

① 见李退德·傅迺轲缦篆辑《修辞学》第 222 页引尤利乌斯·维克多语。
② 见西塞罗《部目》,3,13。

　　　　你追索的这个奴隶，或是在你家出生，或是买来，
　　或是赠与，或是上辈留传，或是从敌人处掳掠得来，或
　　是属于别人。

　　——如此，除了最终的一个可能性，其他全被排除了。这种
步步逼近的方法常常用在二难推理（dilemma, dilēmmaton
schēma）的形式里：提出两个相对立的问题，彼此相互毁损。

　　2. 围绕事实的论证，运行于同样的路径（以等同的指向来
表达）："无论是谁，抢掠一座神殿，也会犯偷盗罪。""无论是谁，
轻易且公然说谎，也会虚假地发誓。""无论是谁，连自己的父亲
也打，也会打自己的同胞。"

　　3. 后于事实的论证，从结局出发（ab eventu, apo tēs
ekbaseōs）和从裁决出发（ab iudicatu）的证明，譬如，然而这些人
若是弃舰而采用步兵为取胜作准备，则我们不能称他们为弃器
逃亡者（quodsi ex eo, quod hi naves reliquerunt et ad pedestrem ex-
ercitum transierunt, victoriam paraverunt, desertores eos appellare
non possumus）。① 在第二段处，②昆体良说道：

　　　　于是，我们对一切人，多数人、最佳者，以及在某一
　　艺术内最具权威者，作出评判（utimur iudicatu tum om-
　　nium, tum plurimorum, tum optimorum, praeterea
　　eorum, qui in unaquaque arte peritissimi sunt）。

　　例证法（paradeigmata）。阿那克西美尼（Anaximenes）说：所

---

①　见李遐德·傅迻轲缪纂辑《修辞学》第231页引尤利乌斯·维克多语。
②　见李遐德·傅迻轲缪纂辑《修辞学》第232页。

发生的事情,和我们所讨论者相似却又不同,此便是例子(para-deigmata esti praxeis homoiai gegenēmenai kai enantiai tois nyn hyph'hēmōn legomenois)。① [恰如人们也把以此事随彼事而发生为依据的推理论证(enthymēmata ex sequentibus)和以诸事彼此对立为依据的推理论证(ex pugnantibus)予以区别一般]。例子若是没有产生经由论证的可信度,便总是须赋予主题更高度的明确。不拥有推理论证(enthyments)之处,应把例子用作证明;拥有推理论证之处,则用作证物,它们就此可起解释作用。有两类例子,合听者之意者(paradeigmata kata logon)和不合听者之意者(para logon)。前者给某件事件增加可信度,后者则减损其可信度。譬如"富人比穷人更正直",与一般的信条相符。如果有人举出富人邪行之例,就反驳了听者的意见,破坏了他们以为具有正确性的信条。例子可以是真实的或虚构的,后者则转而由其他事物(神话,伊索寓言)加以部分地重新虚构。

　　辩驳(refutatio, lysis),乃第四部分,或与评述(tractatio)相结合。演说的最困难部分。对敌手之断语和证明的反驳。如此,辩驳的角色对于指控者和辩护者便全然不同。后者容易找到自己的主张,前者则须通过技艺才能发现这些主张,对敌手会显现于其辩护内的一切,他须了如指掌:他必得仰赖涤清敌手的说法(hypophora)和预知对方的论点(prokatalēpsis)。立场(staseis)在此最为重要。被告假借另外的法律身份逃避,指控者必须封杀此举的一切可能性。敌手确立或能够确立之最重要者,乃是对立(反题)(antithesis)。这需要辩驳(lysis)。人们经由逆反推论(antisyllogismos)和援引前例(enstaseis)来辩驳。这些由四条途径引出:或从事物自身,或从相类者,或从对立者,或从现

---

① 见《亚历山大修辞学》第八篇。

有的先例。若有人说爱是某种美德之物，那么，我就依据其自然性，反驳道，每种需要都是种罪恶，如果不是也有邪恶的爱，就不会有考尼俄斯式之爱（Kaunios erōs）的说法（卡里安·考尼俄斯爱上了他的姐姐）。① 如果有人说："好人对其朋友都行善。"那么，我就从对立者来回应："恶人也并不对其朋友都作恶。"针对"吃够苦头者总是忿恨不平"，我从相类者回应："尝遍甜头者并不总是满怀博爱。"须宽免醉汉，因为他们无意识地犯错，针对这种修辞性推论，可从现存的先例反驳道，那么，皮塔枯斯（Pittacus）②就不该受褒赞，因为他对醉酒犯罪者课以重罚。

辩驳或经简单否定而直接呈现，或间接呈现。后者譬如将敌手的论点从其控制之中摆脱出来，或使之转而反对他。伊蒂克拉底（Iphicrates）问阿里斯佗枫（Aristophon），他是否会为了钱财背叛舰队，阿里斯佗枫作出否定的回答。此时，伊蒂克拉底道："你，阿里斯佗枫，都不会背叛它，我，伊蒂克拉底，就该受期盼去背叛它吗？"③如此便是令敌手的论点转而反对自身之法（methodos kata peritropēn）。

其次，为矛盾措辞互觚之法（methodos kata synkrousin），将敌手的论点简单地采集拢来，显明其彼此矛盾。

再次，为贬损之法（methodos kata meiosin）。不能以言辞辩驳者，则不屑地撇在一边（ut quae dicendo refutare non possumus quasi fastidiendo calcemus）。假若截然相反的对立不是真正取自当前的讼案，而是从另外的讼案里硬扯进来的，那么，便运用

---

① 参见奥维德《变形记》第九卷第 454 节。
② 皮塔枯斯是累斯博斯岛米提利尼城的政治家，为古希腊七哲之一。
③ 此例出自吕西阿斯的演说片断。恩坝塔（Embata）战役因风浪太大，无法作战，雅典政治家阿里斯佗枫在公元前 355 年指控伊蒂克拉底背叛舰队。伊蒂克拉底后被宣判无罪。伊蒂克拉底言下之意为阿里斯佗枫更有可能做出这类不义之举，你尚且没有，我怎么可能。

这一类别（locus）：它是不相干的，我不该在这上面白费时间，它没像对方所称的那般严重，要不然可不置一辞，完全不予考虑。

第四，为增强之法（methodos kat' auxēsin），每逢敌手将讼案描述得微不足道时使用。

第五，为经由逆反论证的辩驳（lysis kat' antiparastasin），倘若诸种方法不能消弭对立（反题）（antithesis），则提出别的东西来抵御它。表明对立（反题）在其推论上是残暴而可耻的，等等。或决定以理由反对理由，以论点反对论点。对某一前提提异议（enstasis）和逆反论证这两者的结合通常是强有力的。① 如果敌手说"做这件事是困难的"，这便是对某一前提提异议，"做这件事是不困难的"，则是逆反论证；设若它是困难的，还是必须得做，比如因为法律需要它。如果敌手诉诸法律和文献［诉请自然地出自公认的根据（antithesis atechnos apo rhētou）］，就运用洞察力的展露法（exetasis dianoias），说立法者的真实意图与此不同。针对例证的对立（antithesis paradeigmatikai），人们运用据于差异的辩驳（lysis ek diaphoras）：所援引的例子不适合这类事实。那时归谬法（apagōgē eis atopon, deductio ad absurdum）就相当有效。将这些事实充分排除之后，无可辩驳的对立依然留存着，对此，人们就不会再记得什么异议了。

狡计和诡辩：（1）假装辩驳敌手，指控他：法官的注意力便转向不利之处；（2）将辩驳作为无足轻重之事暂时延搁下来；（3）假装讨论论题，但将其转变成指控；（4）承认论题正确，但从

---

① 亚里士多德《前分析篇》道："异议即是一个与另一个前提相反对的前提。"（《亚里士多德全集》第一卷，余纪元译，中国人民大学出版社 1990 年版，第 237 页）《后分析篇》道："前提和异议是相同的，任何被提出来的异议都可以变成一个前提，要么是证明的，要么是辩证的。"（《亚里士多德全集》第一卷，余纪元译，第 271 页）

实用的立场到国家的利益都处处抵消它。然后分析论题,设法驳倒其各个部分的正确性。回避对立或萦绕对立(反题)。以友好的口吻恳求敌手克制自身的索求,引生出仿佛它们毫无根据的印象。将某些易于辩驳的东西塞入对立的命题内,经此,变换敌手的对立命题,声称已将它自身驳倒了。完全不露声色地转移对立的事物,企望法官不会注意到它。承认对立的事物,但对敌手的看法表示怀疑,声称已经解决了问题。

结语(peroratio, epilogos, cumulus, conclusio)。据亚里士多德(《修辞学》,3,19),它有四个组成部分:

> 使听者对己生好感,对彼生恶感;夸大和缩小;激发听者的情感;扼要重温(ho d'epilogos synkeitai ek tessarōn; ek te tou pros heauton kataskeuasai eu ton akroatēn kai ton enantion phaulōs, kai ek tou auxēsai kai tapeinōsai, kai ek tou eis ta pathē ton akroatēn katastēsai kai ex anamnēseōs)。

一般有枚举(enumeratio)、夸大(amplificatio)、激发同情(commiseratio)诸要素。结束的套语是这样完毕的:

> 我知道我没有另外什么需要叙说了;因为我觉得我论证的每一部分都没有逃过你们的注意(ouk oida hoti dei pleiō legein; oiomai gar hymas ouden agnoein tōn eiremenōn)。①

---

① 见《伊赛乌斯》(Isaeus)。伊赛乌斯是古希腊演说家,德摩斯忒涅(Demosthenes)的老师。

或

　　我说过的这些话，与我内心所持的看法大体相近。
也请你们接受对城邦及你们大家有益的方面（schedon
eirēka ha nomizō sympherein. Humeis d'heloisthe, hoti
kai tēi polēi kai hapasi synoisein humin mellei）。①

　　枚举未触及引言（exordium）和论据陈述（narratio），它始于
分列（partitio），简要地回顾证明和辩驳。它有助于法官的记忆。
须以强调之势收束。

　　夸大以论证（koinos topos, locus communis）来激发听者的情
绪；首先确立对立物，譬如，若认为该指控某个背叛者，那么，就
赞美对祖国的忠诚。然后确立种种事实的联系，但出以踵事增
华（夸大张皇）的方式（meta deinōseōs kai auxēseōs），表明这是最
糟和最异乎寻常的一个方面。然后确立比照（synkrisis），经由
对比，较为清晰地阐明。然后确立道德准则（gnōmē），对这不寻
常的罪犯的态度表示怀疑。离题话（parekbasis），对其先前的经
历表示怀疑。消除同情（eleou ekbolē）。状物（hypotypōsis），对
事物作生动而明晰的描绘，也对这种意图有用。

　　在结尾部分，尚未就赞成或反对将情感煽动起来，是不合理
的。（扼要重述或夸张可以省略。）听者相对说来挑剔的态度必
须被转换为激情昂扬的态度。西塞罗（《演说家》第37篇）：

　　必须使审判者变得愤怒或怒气平息，引起恶意或好
感，必须使其呈现不屑或赏赞，憎或爱，渴望或厌恶，企

———————

①　见李遐德·傅迻轲缦纂辑《修辞学》第264页引德摩斯忒涅语。

盼或恐惧,欢欣或悲伤(est faciendum ut irascatur iudex,
mitigetur, invideat, faveat, contemnat, admiretur, oderit,
diligat, cupiat, satietate afficiatur, speret, metuat, laete-
tur, doleat)。

　　他必须变得亲自卷入讼案中。恰如恋人无法评判所钟爱者
的美丽,因为情感之效先于视觉印象,故而被激情裹挟而去的审
判者也失却了理性的深思。然而与激情(pathos)一样重要的,
乃是性格特征(ēthos)。它们通常是有差异的;激情上场之处,
恰是自持的性格终止之地;但自持的性格绝不是始于激情休止
之所;存在着长长的演说段落,其内自持的性格没有表现自身的
机会。自持的性格:情绪的镇定态度,高贵心性的展露。你在与
友善而具节制的人打交道。这种展示自持性格的讲论(ēthikōs
legein)产生不了激情,却引致平静的注意力和决断的看法。纯
粹的言辞和正派人的神情举止通常比就可信度作喋喋不休的推
理论证更具价值。激情,心魂、意志或欲望官能随时可能发生的
扰动,处于活跃的境地。亚里士多德(《修辞学》,3,7)说:听者
总是与激情涌动的演说者交感互契(synhomoiopathei aei ho
akouōn tōi pathetikōs lēgonti)。修辞学理论很早即涉及激情的巧
妙激发。它只是偶尔探讨一下自持的性格,因为不能将其激发
出来。欲唤起听者的激情,演说者须自身也被打动:此发动了想
象力,彼转而产生透彻(enargeia)、阐明(illustratio)、豁然洞开
(cridentia)之境。除了结尾部分,另外适于激情的地方是引言
之处:但前者的目标是激发情感(concitare),后者则是博得好感
(conciliare)。被告比原告需要更强的激情。但唤起同情不必太
久长。演说家阿波罗尼奥(Apollonius)说(西塞罗《论选材》,1,
55),干涸和止流之速,无如眼泪。不光言辞,而且某种举动,都

可引致眼泪。把灰暗的丧服、幼童、遗属带到大家面前[领着走过(paragōgē)或恳求同情(paraklēsis)];或是原告展示血剑、伤口呈露的骨头、血衣。西塞罗(《演说家》,38)说道:

> 我们时常可怜巴巴地运用这点(恳求同情),甚至在演讲当结束语期间手里抱着一个婴孩(miseratione ... nos ita dolenter uti solemus, ut puerum infantem in manibus perorantes tenuerimus)。

昆体良叙说道,有一次,被告的画像曾当众展示,以使陪审团对其可怕的外貌有深刻的印象。另外,若陪审员的态度是冷漠的,则极度的情感就多半显得可笑了。

但结束语不只为了引起同情(eleou eisbolē, eleou aitēsis),它还得消除同情(eleou ekbolē)。高尔吉亚曾说,须以笑来破坏敌手的严肃,以严肃来抵消笑的效果。因而每个演说者不得不具备抹消悲哀的情感或煽引陪审员发笑的天资:无论是谁,若把精神从对事物的锐利观察上抽回,便都使之恢复鲜活状态。风趣而颖悟的天资相当罕见,在德摩斯忒涅处也了无印迹。西塞罗则以此闻名。流传首都的所有笑话皆归属在他的名下。并不是每种荒诞无稽的笑话都适合于有教养者,反讽比插科打诨(bōmolochia)要高洁,亚里士多德注意到这点。在《诗学》里,给荒诞无稽的事物下了个定义:

> 发笑的原因是错谬和丑陋,它们并不带来痛苦或伤害;譬如喜剧的面具,既丑且怪,却没让人觉得痛苦(to gar geloion estin hamartēma ti kai aischos anōdynon kai ou phthartikon, hoion euthys to geloion prosōpon ais-

chron ti kai diestrammenon aneu odynōs）。①

克拉枚尔（Cramer）（《轶事集》，巴黎，1，第403页）似乎含有关于幽默的内容（一本十世纪的古老手稿），除此之外，对诸类没人作过什么论述。荒唐滑稽或是由形式造成（apo tēs lexeōs），或是由词和物的笑话造成（apo tōn pragmatōn）。

在前一种类型里，（1）源于同形同音异义词（kata homōnymian），基于含混表达的双关语；（2）源于同义词（kata synōnymian）；（3）源于一词复用（kat' adoleschian）；（4）源于词语的诙谐性反用（kata parōnymian），令人发噱的曲解。

再则，由词和物的笑话造成的滑稽（geloion apo tōn pragmatōn）：（1）出自比较（ek tēs homoiōseōs），也就是对更差的比较（pros to Xeiron）或对更好的比较（pros to Beltion），在《蛙》中，彼时狄俄尼索斯与山体翁（Xanthion）交换他的赫剌克勒斯（Heracles）服装：在山体翁方面，对更好的比较（对于赫剌克勒斯）；（2）出自免于惩罚（ek tēs apatēs），彼时斯特拉普西阿德（Strepsiades）对荒谬的演说教学信以为真；（3）出自意外（ek tou para prosdokian），等等。

适于笑话的常态：彬彬有礼（urbanitas），魅力（venustum），风趣（salsum），优雅（facetum），幽默（iocus），能说会道（dicacitas），或诙谐的自嘲（asteismos），令人愉快的反讽（chari-entismos），调弄（diasyrmos），含蓄的讥嘲（mykterismos）。

笑话虽也适用于法官，却应极力避免。西塞罗（《论演说家》，2，60）：

---

① 参见亚里士多德《诗学》第五章。

　　有一次,一位极矮小的证人站了出来。"我可以讯问他吗?"费立普乌斯问。大法官是个急性,答道,"只要你简短。""你不会埋怨的,"费立普乌斯回敬道,"因为我就会像那个人一样简短。"很让人发笑;但在审判员席上坐着鲁喀乌斯·奥里斐克斯,他甚至比那个证人还要矮小:所有的笑便都冲着鲁喀乌斯来,笑话似乎仅仅是插科打诨而已(pusillus testis processit,'Licet,'inquit,'rogare?'Philippus. Tum quaesitor properans, 'modo breviter,' hic ille, 'non accusabis. Perpusillum rogabo.' ridicule. Sed sedebat iudex L. Aurifex brevior ipse quam testis: omnis est risus in iudicem conversus, visum est totum scurrile ridiculum)。

十三、议事类雄辩术

　　面对元老院和大众的议事类雄辩术(genos symbouleutikon, genus deliberativum)，可以或是说服，或是劝止。议事类演说，dēmēgoria, consultatio, deliberatio, 后来是 suasoria（通常是种学校功课练习）①[它与庭辩类演说(katēgoria)相反，不是很流行。katēgoria 和 synēgoria 都属于庭辩类演说(genos dikanikon)]；那些实际展示出来的议事类演说在昆体良那里称作 contio 或 sententia。②

　　七种内容：宗教问题，法律，国内的城邦管理，结盟和协商，或战争，和平，政府收入。

　　实际的议事类演说(suasoria)与庭辩类演说的划分相同：五个部分，也就是引言(exordium)；论据陈述(narratio)；分类(partitio)，证明(probatio)；针锋相对的辩驳(refutatio adversariorum)；结语(epilogos)。通体说来，引言和论据陈述完全被削弱了，或压根儿没触及到。结尾部分难得有激起同情的任务(除

---

① dēmēgoria, consultatio, deliberatio, suasoria 皆意为议事类演说。
② contio 或 sententia 意为实际展示出来的议事类演说。

非彼时其目标是促请协助解除围攻,或派使者请求帮助)。通常须激起愤怒、恐惧、欲望、仇恨之情。演说者的威信(auctoritas)和自持的性格(ēthos)尤为重要。昆体良(3,8,13)说:

> 一个人如果想让所有人都相信他关于什么是有益和可敬的判断,他就该具有且被认为具有真智慧和卓绝的性格。在庭辩类演说里,依据大家普遍接受的意见,在某种程度上可以恣意展显其激情。但大家都会承认,演说者提出的劝告应与其道德人格合拍(nam et prudentissimus esse haberique et optimus debet, qui sententiae suae de utilibus atque honestis credere omnes velit: in iudiciis enim vulgo fas habetur indulgere aliquid studio suo: concilia nemo est qui neget secundum mores dari)。

从讼案的角度来看,是不需要引言的,盖听者已对其了若指掌。有时自个人或敌手的视点来看,引言是必要的,彼时,相较于演说者,其没将问题看得紧要(或看得更紧要)。如此,演说必须致以怀疑,加以驳斥,夸大或贬抑。引言也可作为装饰而存在,因为不这样的话,演说辞的结撰就显得草率敷衍[牵尔操觚(autokabdalos),亚里士多德语]。

在结语部分,夸大张皇和泛泛论证(locus communis)属胼拇枝指,纯粹的扼要重述便已足够了。一般说来,直接要求投票有利于上诉人。有些演说者采取专门用于议事类演说(dēmēgoria)的立场(status),涉及实际效用的立场(status negotialis, pragmatikē)。

　　议事类演说（suasoria）或是单纯的，或是双重的，联合的（conjunctae），或并置比较的（comparativae），争辩的（concertativae）。单纯的：士兵是否应该领受薪水。双重的：凯撒仔细商议他是否应坚持去日耳曼，因为士兵们全都写下了遗嘱（他先是因士兵们的惊惶失措而有所商议，继而甚至除开这点不计，就一般说来，是否该进行前往日耳曼的征旅）。

　　并置比较的：两类主张哪种更好些。

　　要紧的是对涉及将来行为之实际效用的情形（stasis pragmatikē）的划分（diairesis）。它根据必须觅取的材料，也就是有说服力的证据（partes suadendi），而提供论题（topoi）。阿那克西美尼（Anaximenes）说，劝告者须显示他建议的行为是公正的（dikaion），合法的（nomimon），适当的（sympheron），美的（kalon），宜人的（hēdu），便利的（rhaidion）。他告知事情极其困难的程度，同时也担保另外含有可行（dynaton）和必要的（anankaion）性质。与其相对，劝阻者也是如此。亚里士多德将适当（sympheron）和利害（blaberon）描绘作议事类演说所特具的，其他诸点则是从属的[公正（dikaion）：庭辩类演说的主要目的（telos），美（kalon）：炫示类演说的主要目的]。赫墨根尼（Hermogenes）把这几点称作有关最终目的的纲目（telika kephalaia）——运用这些观点，演说达到其说服的目的。朗吉弩斯（Longinus），阿普托尼乌斯（Apthonius），赫墨根尼。普岚乌得（Planudes）说，实际上只有三种有关最终目的的纲目（kephalaia telika），也就是适于庭辩类演说的公正（dikaion），适于议事类演说的适当（sympheron），适于赞颂类演说的美（kalon）。公正分为合乎规范（nomimon）、得当（dikaion）、循乎习俗（ethos）；适当分为有用（chrēsimon）、必要（anankaion）、可行（dynaton）、便利（rhaidion）、有产出（ekbēsomenon）；美分为相称（prepon）和可观、高尚(endoxon)。①

令人兴味盎然的是罗马慷慨激昂之演说(Deklamation)的分类,塞内加(Seneca)将其保存于议事类演说(suasoria)里,譬如第五:

> 雅典人商议,是否移走波斯人的胜利纪念柱,因为胜利纪念柱若不移走,薛西斯一世②就威胁要回来(deliberant Athenienses, an tropaea Persica tollant Xerxe miniante rediturum se nisi tollerentur)。

阿耳艮闼蠡乌斯(Argentarius)说,"薛西斯一世要么不会来,要么纵然他来了,也毋需害怕他。"

孚斯枯斯(Fuscus)说:"我们不移走胜利纪念柱,薛西斯一世就要来,即便如此,我们也不应移走它们,因为去做受命之事,就是对被奴役的承认;如果他来了,我们将击败他;我们将击败我们已经击败者。可他实际上不会来;倘若他真的想来,也许就不向我们来宣布这事了;他在力量和精神上已经被制服了。"

伽笠峨(Gallio)劝告雅典人移走胜利纪念柱:他们的名誉不

---

① 关于美,我们可以拿亚里士多德的观点作参考。亚里士多德《形而上学》道:"美的最高形式是秩序、对称和确定性。"(《亚里士多德全集》第一卷,苗力田译,中国人民大学出版社 1993 年版,第 296 页)亚里士多德《修辞学》道:"道德上的美或高尚,由于其自身的原因而为人所向往,同时那也是值得赞美的东西,或者说,其为善,因为是善而令人感到愉快。""美是自身就具有价值并同时给人以愉快的东西。"(采范明生译文,见《西方美学通史》第一卷《古希腊罗马美学》,上海文艺出版社 1999 年版,第 408 页)亚里士多德《诗学》道:"无论是活的动物,还是任何由部分组成的整体,若要显得美,就必须符合以下两个条件,即不仅本体各部分的排列要适当,而且要有一定的、不是得之于偶然的体积,因为美取决于体积和顺序。"(陈中梅译,商务印书馆 1996 年版,第 74 页)

② 薛西斯一世,波斯国王,曾率大军入侵希腊,洗劫雅典,在萨拉米斯大海战中惨败。晚年深居简出,死于宫廷阴谋。

会因此受损害,胜利的记忆将保存下去,胜利纪念柱本身将遭时间的毁蚀;他们必得为自由、妻妇和子息而战:不必为不相干之物而参战。薛西斯一世怒火中烧,甚至对神灵也肆无忌惮,他会来的:他没有将军队尽数带到希腊来,在希腊也没有全军覆没。命运的反复无常必须栗然在心。希腊的力量已耗竭了,不能再支撑一场战争了。

昆体良(3,8,35)于是道,每类议事类演说都是种比较:必须仔细考查欲实现的事物及如何实现此事物,以便评估其目标是蕴含较大助益,还是使之落入较大危害之境的险途:

> 效用的问题涉及时间,它是适宜的,但不是现在;涉及地点,但不是此地;涉及人物,但不是我们,而是反对我们者;涉及行为的方式,却不是以此方式;涉及数量,却不是如此多(est utilitatis et in tempore quaestio, expedit sed non nunc; et in loco, non hic; et in persona, non nobis, sed [sic] contra nos [sic]; et in genere agendi, non sic: et in modo, non [sic] tantum)。

在此,我们借情境(peristases)之助,运用规则(topoi)。据西塞罗的意见,演说者必须最大限度地顾及荣誉(honestas),而后是个人安全(incolumitas),最后是好处(commoditas),可能的利益和危害。

十四、展示类雄辩术

展示类演说(genos epideictos [夸示类,panēgyrikos]),或者颂赞类(enkōmiasticon [demonstrativum] laudativum)是针对较小圈子的听者而发,通常只对实用艺术作出评价,但也针对盛大的节日集会或葬礼而发。其与公众事务和议题连系之密,在罗马远较在希腊为甚:葬礼演说通常受某种公职的左右,或按元老院法令委派行政官代理。年轻演说者从此类演说里学习体知到的,对其他类型的演说无论如何都是有用的。康尼蒂修(Cornificius)(3,8,15)①道:

> 这类论谈不能因为它在生活里难得出现,就不受推崇。事实上,一项任务,只要会出现,那么为了在下一次也能完成,就非常有必要尽可能恰当地去完成。而且,即便我们很少单独处理这类论谈,在法庭类和议事类论谈中也经常有大量赞颂或指责的段落。因此,我们认为,对于这类论谈,也应当付出相当的努力(nec

---

① 指其《致赫瑞尼翁》(*Rhetorica ad Herennium*)。

hoc genus caussae, eo quod raro accidit in vita, neglegentius commendandum est, neque enim id, quod potest accidere, ut faciendum sit aliquando, non oportet velle quam commodatissime posse facere; et si separatim haec caussa minus saepe tractatur in iudicialibus et in deliberativis causis saepe magnae partes versantur laudis aut vituperationis, quare in hoc quoque genere caussae non nihil industriae consumendum putavimus）。

伊索克拉底已经指出，赞颂和指摘到处都存在。在帝国晚期，实际使用的演说几乎仅仅限于展示类。其话题内容的多种多样，却让人惊愕：神灵，英雄，人类，动物，植物，山岳，国家，城邦，河流，各行各业，技艺，道德，时代，等等。也有许多并不真正值得赞美的事物。米南德（Menander）说：

　　要知道，有一些颂赞类演说众所公认，一些则不为人所公认，有一些令人生疑，一些则出乎意料。众所公认的演说有关那些一致获得认可的好东西，比如神或其他某个看起来好的东西，不为人所公认的演说则有关恶魔或看起来坏的东西。令人生疑的演说则指那些从一方面看是众所公认的、而从另一方面看却是不为人所公认的演说。——这在伊索克拉底和亚里斯泰迪斯的泛雅典集会辞内均可找到（isteon, hoti tōn enkomiōn ta men estin endoxa, ta de adoxa, ta de amphidoxa, ta de paradoxa. Endoxa men ta peri agathōn homologoumenōn, hoion theou ē allou tinos agathou phanerou, adoxa de ta peri daimonōn kai kakou phanerou.

见解,稀若星凤,然而就价值不高和不受待见的东西,
说者可随手拈来,顺口道说,无论何物,皆为自己首创
(kai peri men tōn doxan echontōn spanion heurein ha
mēdeis proteron eirēke, peri de tōn phaulōn kai tapeinōn
hoti an tis tychēi phthengxamenos hapan idion estin)。①

演说家佛戎柝(Fronto)作有《烟尘颂》(laudes fumi et pul-
veris)和《不修边幅颂》(laudes negligentiae);至彼时为止,拉丁
文中便不再出现这般作品了。神灵和人类颂,还有国家和城邦
赞,遂呈压倒之势。

每篇颂文均以一则引言发唱;惟高尔吉亚偶或用"幸运之
城埃利斯"(Hēlis polis eudaimōn)②开首。这方面能行使诸多自
由权。亚里士多德说,人们可自由抒发脑中飘忽而至的一切想
法;伊索克拉底《海伦颂》的引言谈及喜诡辩的智者和哲学家。
伊索克拉底的颂文赋予肉体优点的荣誉,要胜过赋予精神优点
者。颂文不使用论据陈述,但可特别强调人物的某种行状。运
用论点陈述和分列(分类),以表达所欲赞美或批评者。甚至意
在表现辞藻技巧的赞颂有时也进行某种证明,彼时我们列举的
行为难以令人置信,或另一人物被认为是事迹的初创者。昆体
良道:

> 譬如,某个演说者叙述罗穆路斯怎么会是马尔斯

---

① 参见李遐德·傅迩轲缦纂辑《修辞学》第 320 页引引伊索克拉底《海伦颂》语。
② 出自演说辞《赞埃利斯人》。亚里士多德《修辞学》1416a2 道:演说序论或引言
的其中一个目的"是把序论作为一种装饰,因为没有序论,演说会显得草率从事
(即兴而发)。高尔吉亚称赞埃利斯人的颂辞就是这样,他没有先练习几拳或
挥舞两下,立刻就开始讲:'埃利斯,幸福的城邦!'(《修辞学》,罗念生译,生
活·读书·新知三联书店 1991 年版,第 200-201 页)

Amphidoxa de hosa pē men endoxa estin，pē de adoxa，
ho en tois Panathenaikois heurisketai kai Isokratous kai
Aristeidou）。①

（关于雅典历史的颂文：甚至连可褒扬之处极少，譬如雅典
人对米洛斯岛人的行径，也加以赞美。）

令人生疑的演说中，有一些是赞扬性的，另一些则
是对那些自我辩护者进行批判的。而出乎意料的演
说，则譬如阿尔喀达马斯的死亡颂，或犬儒学派的普罗
透斯的贫穷颂（ta men gar estin epaineta，ta de psekta，
hyper hōn apologountai. Paradoxa de hoion Alkidamantos
to tou thanatou enkōmion，ē tō tēs Penias Prōtēs tou ku-
nos）。②

波吕克拉底（Polycrates），这位高尔吉亚的门徒，作有鼠颂，
壶赞，卵石歌。其他则有蜂赞，盐颂，为阿兜恪梭格拉佛（Adoxo-
graphs）所作。雄辩的狄翁（Dio Chrysostomos）有蚊颂，鹦鹉颂，
发颂。琉善（Lucian）有蝇赞。伊索克拉底在其《海伦颂》里批
评了这般倾向，道：

就声名藉藉的对象，要发现人们先前没有道过的

---

① 参见李遐德·傅迲轲缦（Volkmann）纂辑《修辞学》第 346 页引葛聂忒贰乌斯
（Genethlius）语。亚里斯泰迪斯为雅典政治家和将军，提洛同盟的创建人之一。
② 参见李遐德·傅迲轲缦（Volkmann）纂辑《修辞学》第 346 页引葛聂忒贰乌斯
（Genethlius）语。阿尔喀达马斯是高尔吉亚的学生，和伊索克拉底同时，都是公
元前 5 至前 4 世纪时人。

十四、展示类雄辩术

展示类演说(genos epideictos［夸示类，panēgyrikos］)，或者颂赞类(enkōmiasticon［demonstrativum］laudativum)是针对较小圈子的听者而发，通常只对实用艺术作出评价，但也针对盛大的节日集会或葬礼而发。其与公众事务和议题连系之密，在罗马远较在希腊为甚：葬礼演说通常受某种公职的左右，或按元老院法令委派行政官代理。年轻演说者从此类演说里学习体知到的，对其他类型的演说无论如何都是有用的。康尼蒂修(Cornificius)(3,8,15)①道：

> 这类论谈不能因为它在生活里难得出现，就不受推崇。事实上，一项任务，只要会出现，那么为了在下一次也能完成，就非常有必要尽可能恰当地去完成。而且，即便我们很少单独处理这类论谈，在法庭类和议事类论谈中也经常有大量赞颂或指责的段落。因此，我们认为，对于这类论谈，也应当付出相当的努力(nec

---

① 指其《致赫瑞尼翁》(*Rhetorica ad Herennium*)。

hoc genus caussae, eo quod raro accidit in vita, ne-
glegentius commendandum est, neque enim id, quod
potest accidere, ut faciendum sit aliquando, non oportet
velle quam commodatissime posse facere; et si separatim
haec caussa minus saepe tractatur in iudicialibus et in de-
liberativis causis saepe magnae partes versantur laudis aut
vituperationis, quare in hoc quoque genere caussae non
nihil industriae consumendum putavimus）。

伊索克拉底已经指出,赞颂和指摘到处都存在。在帝国晚
期,实际使用的演说几乎仅仅限于展示类。其话题内容的多种
多样,却让人惊愕:神灵,英雄,人类,动物,植物,山岳,国家,城
邦,河流,各行各业,技艺,道德,时代,等等。也有许多并不真正
值得赞美的事物。米南德(Menander)说:

> 要知道,有一些颂赞类演说众所公认,一些则不为
> 人所公认,有一些令人生疑,一些则出乎意料。众所公
> 认的演说有关那些一致获得认可的好东西,比如神或
> 其他某个看起来好的东西,不为人所公认的演说则有
> 关恶魔或看起来坏的东西。令人生疑的演说则指那些
> 从一方面看是众所公认的、而从另一方面看却是不为
> 人所公认的演说。——这在伊索克拉底和亚里斯泰迪
> 斯的泛雅典集会辞内均可找到（isteon, hoti tōn
> enkomiōn ta men estin endoxa, ta de adoxa, ta de amphi-
> doxa, ta de paradoxa. Endoxa men ta peri agathōn
> homologoumenōn, hoion theou ē allou tinos agathou phan-
> erou, adoxa de ta peri daimonōn kai kakou phanerou.

的儿子,并由母狼哺乳,那么他在论证其神圣来源时会运用以下事实:扔入湍急的川流而不溺毙,所有诸如此类的成就,皆使人们确信其乃战神之子,同时代人毫无疑义地断定其肉身不死而升天为神(ut qui Romulum Martis filium educatumque a lupa dicat, in argumentum caelestis ortus utatur his, quod abiectus in profluentem non potuerit extingui, quod omnia sic egerit, ut genitum praeside bellorum deo incredibile non esset, quod ipsum quoque caelo receptum temporis eius homines non dubitaverint)。①

人们将不为人所公认的(adoxon)或令人生疑的(amphidoxon)演说粉饰成赞颂演说,只有这时候才会出现辩驳(refutatio)。在收尾处是不允许有真正的总结(anakephalaiōsis)的。要务乃是对对象作详述(auxēsis, amplificare)和解释(explicare)。毋需不偏不倚的特性描述,也就是缺陷须忽略不计。如是,表达方式的择定在此也是切题之事;美德和恶习常常密不可分:鲁莽汉子英勇无畏;挥霍者慷慨大方;守财奴节俭富足。一个例子:伊索克拉底的《海伦颂》被相拟于某智者②的牵强虚妄的颂文。首先是对海伦出身的赞美:出类拔萃的女性半神半人,她的父亲是宙斯。他偏爱她,要胜过赫刺克勒斯,因为他赋予赫刺克勒斯力量,而赋予海伦美丽,美丽完全可以征服力量。从此不得和平,但战争和争夺可以带来声誉,他使海伦的美丽成为争夺的对象。甚至在其幼嫩的孩童时代,忒修斯便以暴力和威胁

① 见昆体良《演说术原理》,3,7,5。
② 某智者指高尔吉亚,他也作有《海伦颂》。

劫持了她。忒修斯对皮里托俄斯满怀感激,后者在这桩事情上协助了他,且曾和他一起到冥界抢夺普罗塞耳皮娜。[①] 忒修斯的爱深得海伦的欢心,因为此人在各个方面均超绝群伦。在此插入了对他的赞美(将其相拟于赫剌克勒斯)。海伦年届妙龄之际,全希腊最高贵的求婚者聚集起来,结成联盟,抵御更为可取的求婚者。对海伦之美的评价,不久得到阿佛罗狄忒(Aphrodite)的进一步确认,她将海伦许给帕里斯(Paris)。帕里斯完全相信海伦与宙斯的血缘关系,觉得拥有这等女人,远比支配整个亚洲及获取阵前之誉要珍贵。依此举的后果证明不善,以指摘帕里斯,乃是愚蠢的。女神选他来解决她们之间的纷争,对他高度尊重。亚洲和欧洲倾注全力占有这女人,特洛伊战争表明了价值所在。甚至神也参与了争夺战,并不仅仅是遣其子民前去战斗而已。彼处,美的的确确是最为高贵和神圣之物;无论什么,凡缺少美,便受鄙视。甚至美德可得赞颂,亦惟因其为最美丽的奋求目标而已。甚至神也受着爱的左右,女人之著称,多半以其美丽,远比以其另外种种品质集聚在一起为盛。海伦因而也流芳百世,并使她的两个哥哥和丈夫也获致不朽,被斯伯达人尊为保护神。斯忒西乔卢斯(Stesichorus)指出了她的力量:一如某些荷马的评注者所言,即使荷马也应把他诗篇的魅力和声誉归功于海伦的优雅出场。因此,海伦应该受到尊重和赞美:确犹有他事可说,因为特洛伊战争标示了联合的希腊对外邦人的首次胜利。自那场战争之后,产生了一种剧烈的变化,希腊人的力量日渐隆盛,从外邦人手中攫取了许多土地。

　　除了名副其实的赞美或批评的演说外,每种表现辞藻技巧的应景演说,表示赞美或感激之情的演说也属这一类别:涉及君

---

① 普罗塞耳皮娜是冥王哈得斯的妻子,宙斯和得墨忒耳的女儿。

主的演说,节日演说,欢迎演说,祝贺演说,就职演说,告别演说,生日演说,葬礼演说,婚礼演说,慰问演说,告诫演说,激励演说(logoi protreptikoi)。在此,演说者称赞或建议某事物,其有利之处不必是首次展示出来,而是早已确立:譬如和平,美德,理性等等。这令人想起议事类雄辩术。

在《论展示性演说》(peri epideiktikōn)一书内,米南德(Menander)论述了大多数种类的应景演说。他以"君王颂"(logos basilikos)开首,对其优秀品质详加发挥。一如眼睛无法收摄浩淼的大海,演说也不能囊括君王的总体。这实在需要荷马或俄耳甫斯(Orpheus)①的才质。先就何处着手,述说一番困惑:所有这些,皆属引言。然后继之以君王的故乡或乡亲的简短离题之言,赞颂帝国的祖先,君王的诞生,或许还有其诞生的征兆(prodigia);演说者可继续往下说,并虚构一些东西。教育,气质,才资,学习。然后是主体部分,即君王的事迹:分划为战争之际的行为与和平时期的行为。然后站在他的立场,孩子、朋友、大臣的立场,思考命运,最后以描绘昌盛的王国、毫无风险的贸易、日益增长的虔诚结束。对其成功致以最佳的祝愿。此类演说最具光辉的文献是小普林尼(Gaius Plinius Caecilius Secundus)的《图拉真颂》,它实际上是在元老院发表的感谢辞(gratiarum actio)的扩展。②

────────────

① 俄耳甫斯是神话中特刺刻的歌手,希腊人视其为荷马之前最伟大的诗人。

② 图拉真(Trajan),古罗马皇帝(公元98-117年在位),改革财政,加强集权,修建城市、港口、桥梁、道路,向东方扩张领土,直抵波斯湾。王焕生《古罗马文艺批评史纲》道:"普林尼于公元100年出任执政官。按照元老院的决定,出任执政官者应在元老院发表演说,感谢皇帝的恩宠。普林尼的演说辞对前位皇帝多弥提安进行了抨击,对在位皇帝图拉真的统治进行了赞扬。普林尼后来又对演说辞进行了修改和扩充,现今传世的就是这篇经过修改和扩充了的演说辞。据普林尼说,当他后来朗诵这篇演说辞时,他的朋友们知道消息后纷纷前来,聚集听诵了两天。当时天气还不好,普林尼本想中断朗诵,但朋友们都想　　(转下页)

表情感和谢意的演说辞（Logoi charistērior and eucharistērior）。还有花冠呈献辞（stephanōtikos logos），向君王呈献荣誉花冠之际所致的简短演说辞。在一百五十行至两百行之间。还有使者演说辞（presbeutikos logos），使者来到城邦请求援助的演说辞。赞颂辞在广义上意指一切相对冗长的颂文。狭义上，则意指在大型民族节日面对欢度圣日的会众发表演说（panēguris）。这些典礼与对某个神的膜拜有关，并以颂赞此神开始。而后颂赞城邦。而后解释圣日，其由来，制定，时节。典礼的性质，是操演也是艺术。花冠。栎树叶，橄榄叶，月桂树叶，穗叶，云杉叶。邀请演说辞（klētikos logos），邀请演说辞向执政官（archōn）发出，请求他出席。帝国官员来到城邦之际，以演说向其表示敬意，这是公开演讲或致词（oratio compellatoria，prosphōnēsis），是接风辞（logos prosphōnētikos or epibatērios）。与护送辞（logos propemptikos）相对的，是告别辞（propemptērios）。在临别辞（logos syntaktikos or syntaktērios）里，演说者致一路平安之意。另外还有婚礼

（接上页注②）继续听完。普林尼说：'我非常珍视我的听众，他们不仅是听朗诵者，而且是裁判者。我发现，令他们特别感到满意的是那些最为质朴的段落，……我为这种端肃的鉴赏趣味而高兴，希望将来人们都能这样进行评价。……我希望总有一天，温馨的甜蜜会让位于端庄的严肃。' 普林尼这里谈到的质朴是指他的演说辞中有些段落未作修辞修饰，与通常对演说辞作过多的修饰，以满足一般听众的欣赏趣味相对照。普林尼觉得，类似题目的演说辞本应该写得华美一些，然而恰恰是他的一些质朴段落更受到称赞，普林尼从中看到良好的欣赏趣味的复兴，自然和简朴受到人们的称赞。对于普林尼在这里谈到的自然和简朴，我们只能相对地理解，把它与亚细亚风格相比较。普林尼遵循的主要是西塞罗的演说原理和风格，他在致友人卢佩尔库斯的信里较为详细地谈到自己的演说风格：'有些方面必须向年轻人的听觉让步，特别是这样做与内容不相矛盾时。演说辞中常常有对地点的描写，它们不仅仅应该是历史性的，同时也可以是诗歌性的。因此，有人如果认为我的风格比演说辞的严肃性要求的要华丽，那么可以设想，演说辞的其余部分会使这位阴沉的人感到满足。我尽可能使演说辞的风格多变化，以激起各种不同类型的读者的兴趣。'"（译林出版社1998年版，第254-255页）

祝辞（gamikos，epithalamios）。生日祝辞（logos genethliakos）。最后有葬礼悼辞（logos epitaphios，logos paramythētikos）。胡布内（F. Hubner）认为塔西佗的《阿格里科拉》（Agricola）是一部详尽的葬礼颂文（laudatio funebris）。①

　　凡简短的演说辞，均称作琐言（laliai），而非展示性演说（epideixeis），以不拘的形式呈现。在一系列演讲开首处的琐言（laliai），称作前置琐言（prolalia）。所有论及虚构主题的精雕细琢之演说，要是属于庭辩类演说（genos dikanikon，controversia）或议事类演说（genos symbouleutikon，suasoria），智者们就称之为 meletai［精雕细琢之演说］或 agōnēs［竞论］。

---

① 阿格里科拉是古罗马将领，77 年任罗马执政官，早年曾出征不列颠，后任不列颠总督（77-84）。塔西佗是他的女婿。

十五、布　局

极度缺乏规则。Taxis，dispositio［布局］，亦作 oikonomia
［安排］，哈利卡纳苏的狄奥尼修斯（Dionysius of Halicarnassus）
最先以此词称呼布局。他认为安排、布局（oikonomia）就是运用
经觅寻（heuresis）而采集到的材料。对已备好之物的运用（Hē
chrēsis tōn paraeskeuasmenōn），则筹划（paraskeuē）与觅取（heu-
resis）是一回事。所讨论的主要规则几乎处处与选题觅材（in-
ventio）相伴随。最初就存在着双重的划分，选题觅材，表达风格
（heuresis， phrasis ［inventio， elocutio］）。阿那克西美尼
（Anaximenes）和亚里士多德皆谈及布局，只是显得粗略。但也
惟在亚里士多德处（《修辞学》，3，17）将其作为基本规则来探
讨。在议事类演说和庭辩类演说里，先发表演说者须亮出自身
的证据，然后反驳敌手的意料之中的答覆，或预先使其论证失
效。但反驳若是很长，则首先进行反驳，再继之以自身的证据。
后发表演说者则必须总是从反驳对方入手，以便就此替自身的
演说营造空间。

廊下派把理解（noēsis）、觅取（heuresis）、结撰（diathesis）标
明为三种功用（erga），将结撰划分为布局（taxis）、安排（oikono-

mia）、风格（lexis）、发表（hypokrisis）。演说的安排，或者还有思想的内在连系和分理：这也理应对最普遍的论题（kephalaia）、也就是真正精详阐述的思想（exergasia）或想法的陈述（expositio）、逻辑论证的证明（epicheirema）作恰当的探讨。康尼蒂修（Cornificius）《致赫瑞尼翁》（3,9,16）区分了自然的安排和人为的安排：一种出自艺术原则的安排（dispositionis genus ab institutione artis profectum）和一种与特定情势相适应（随物宛转）的安排（genus ad casum temporis accommodatum）。在自然秩序（固有秩序）方面，他谈及演说各组成部分的原理；在论证的布局方面，谈及逻辑论证之证明的展开。那将是布局和精详阐述的思想。他论及随物宛转的安排，仅寥寥数语而已。在昆体良处，布局问题占据了整个第七篇：① 他对论辩（controversia）和说服（suasoria）的探讨，呈现了他自身的选题觅材的过程。另外还有用于立场的专门比喻词的列举（diaireseis staseōn）。据哈利卡纳苏的狄奥尼修斯之见，安排（oikonomia）涉及划分（diairesis）、布局（taxis）、精详阐述的思想（exergasia）。几乎没有什么好增添的：演说者可偏离各部分连贯而不变的顺序；他可直接以论据陈述（narratio）开讲，或以一种完全确定的证明入手，或上来即宣读一段书面文件。也可在确证（confirmatio）之后插入引子，并将陈述置于第三位。就逻辑论证之证明（epicheireme）的安排而言，将最强有力的证明置于开场和尾声，最无关紧要的证明置于中部，乃是可取的律则。康尼蒂修道：

    （1）最强劲的论证应放在辩护的首和尾；（2）适中力度者，既非无益于演讲，亦非证明之必不可少者，

---

① 指《演说术原理》第七篇。

若单独呈现,是薄弱的,然与其他种种论证联合,则变得有力而可信,这些该摆在中间(firmissimas argumentationes in primis et in postremis caussae partibus collocare:mediocres et neque inutiles ad dicendum neque necessarias ad probandum,quae si separatim ac singulae dicantur,infirmae sunt,cum ceteris conjunctae firmae et probabiles fiunt,in medio collocari oportet)。

在陈述之后,听者期盼马上听到如何才能证实论点;由此必须显示有力的证明:但因为我们最后所说的最易被人记住,则有充分根据的证明须在最后显露出来。在辩驳中,人们首先击破易于反驳的,然后再着手困难的部分。

推测性立场的划分(diaeresis of the status conjecturalis)。康尼蒂修《致赫瑞尼翁》(2,2,3)主张道,在推测性讼案(causa conjecturalis)里,原告的陈述必须处处集矢于形迹的可疑,而被告的陈述则必须简明,以减弱可疑的情势。康尼蒂修将对此类立场(status)的判断(ratio)剖析为可信性(probabile)、比较(collatio)、标记(signum)、论证(argumentum)、推断(consecutio)、证据的充实(approbatio)。

可信性(probabile)表明被告得益于犯罪行为,他决不会反对恶行[源自指控的可信性(probabile ex caussa)和出自其生活的可信性(probabile ex vita)]。问题:(1)他从这事得到了什么利益,或避免了什么危害?(2)他曾做过与之相类似的事吗,或有可怀疑之处吗?

经由比较(collatio),表明惟有被告从这事获取了利益,也惟有他会干这件事,如此,便限定了先前的证明步骤的普遍性。

标记(signum)表明被告曾寻找有利的时机做那事;并曾仔

细考查地点,时间,持续长短,有想完成此事或掩盖此事的企图。

论证提供更确切的证据和有力的证明。

推断,仔细调查被告事后的行为。

证据的充实,通过一般性论证(loci communes)来对此前所说的一切进行补充(amplificatio),以达到消除同情(ekbolkē eleou)的目的。

可信性与意愿(boulēsis)和可能性(dynamis)这两个论题相应,比较和取代(metalēpsis)相契[这针对的目标是依据合法性的抗辩(antilēpsis),此抗辩将原告的证据描绘作无恶意造成的,毋需考虑:为了辩驳,力图证明此事一般是允许发生的,但不是以这种方式和在这些境况之下,也就是在这点上消除了证明的普遍性步骤]。标记、论证、推断呈现了从动机到目标(ta ap' archēs achri telous)的整个过程。证据的充实与共通的性质(koinē poiotēs)相应合。

昆体良道,在推测(conjectura)时,三个问题必须依次回答,被告是否想实施这个行动,他是否能够做,他是否做了。(1)我们必须明晓的第一件事,便是我们处理的为何种案件(intuendum ante omnia qualis sit de quo agitur)。① 原告就此须明白,他所指控被告者,不惟事情本身该受谴责,且与有关罪行相合。指控某人谋杀之际,称其为淫棍,这比起显明他是无耻而残酷者来,要与案件无关得多。倘若不作出任何指摘,则被告方须要求注意论据。大体说来,对先前的生活作脆弱或不实的抨击,不如不予攻击:脆弱或不实的抨击损害可信性。如此,基于动机的证明:激情,愤怒,仇恨,欲望,恐惧,企望:每一种皆足以导致最糟糕的结果。倘若这不是事实,则他必定说或许有隐秘的动

_____

① 见昆体良《演说术原理》(7,2,27 之下)。

机,他为何做了此事,由于他的确做了此事。被告方须坚持若无原因,什么也不会发生。关于动机,有诸多问题:被告能相信自身会做这事么? 或是处于隐秘状态? 或是他会希望被认定为清白的? 或是他会由于习惯而犯罪么? 他为何在彼时彼地作准确的攻击:他是否使自身处于冷不防无以自制的境地? (2)他能够做这事么? 若能证明他没有做此事的可能性,则讼案便经由不在场(absentia)之类了结了。若存在可能性,则询问涉及(3)他确做了此事么? 噪杂声,尖叫,呻吟,掩盖,外逃,恐惧,被告此后的言行,等等。

界定性立场的划分(Diaeresis of the definition-status)。据康尼蒂修(2,12,17),人们对有异议的概念须作一简短界定,以此起首:

> 如此,首先简要解释辞语的意义,使之与我们论辩主题的有利因素贴合;继而应将我们的处理方式与辞语的解释勾连起来;最后,该将支撑相反解释的理由作为不实、无益、可耻之物摒弃掉(Primum igitur vocabuli sententia breviter et ad utilitatem caussae accommodate describetur: deinde factum nostrum cum verbi descriptione conjungetur. Deinde contrariae descriptionis ratio refelletur si aut falsa erit, aut inutilis, aut turpis, aut iniuriosa)。

如此,最后的辩驳运用有关最终目的的纲目(telika kephalaia)。一般性论证(locus communis)针对某人的恶意,此人不惟肆意施展随心所欲的举动,而且肆意进行随心所欲的术语命名活动。针对被告方的一般性论证,敌手为了将其引入危险之境,不光是设法扭曲事实,进而试图曲解术语。此外,西塞罗将严密的纯粹科学界定看作是书呆子气,且不合适:他需要的仅仅是术语以较为宽泛的释义形式再现。昆体良以为,确立定义,要比将之运用于眼前的讼案难得多。"罪名是什么?(quid sit?)"和"是否做过此事?(an noc sit?)"之类的序列须予以严格探究。

[法庭类演说的辩驳]

有关已发生行为之合法性的立场
(dikaiologia, constitutio iuridicialis)

抗辩,绝对的有关合法性的立场　　反题,获得承认的有关合法性的立场
(antilēpsis, c. i. absoluta)　　(antithesis, c.i. assumptiva)

他宣称行为合法　　　他承认违了法,但将之归属于次要的事情

抵销
(antistasis, compensatio comparatio)
非法行为产生的好处
在影响方面要超过非法行为

反诉
(antenklēma, translatio criminis)
宣称他人(原告)强迫自己违法

转移责任 (metastasis)　　　　　　开脱
转移到能负责任的人身上　　(syngnōmē, purgatio)

祈求免予责罚(deprecatio)承认有做此事的意图,但采用请求宽恕的手段。这在法庭诉讼程序内不会出现,惟在元老院里,于帝王面前,方如此。

有关性质的立场划分(Diaeresis of the status qualitatis)。依照康尼蒂修的看法,在绝对的有关合法性的立场(constitutio iuridicialis absoluta)里,继讼案内容的描述之后,询问讼案是否合法地发生。人们须知晓法(Recht)的各个构成部分:

构成部分如次:自然,法律,习俗,先前的判决,公平和善,契约,这些部分就可展示正义、确定法权

（constat igitur ex his partibus：natura，lege，consuetudine，iudicato，aequo et bono，pacto，his igitur partibus iniuriam demonstrari，ius confirmari convenit）。

　　而后为获得承认的有关合法性的立场（constitutio iuridicialis assumptiva）。在比较（comparatio）里，两种行为何者更体面、更轻松，更具优点，这是入手即须询问的。而后询问被告是否得到授权，可确定何者更有益，或是否将确定权委托给他人。而后原告凭借推测，设法证明选取较好的做法，不选较糟的，并非审慎为之，而是诡计（dolus malus）在起作用。被告必须反驳这类推测的证明。最后，原告的一般性论证（locus communis）针对此人以为无用比有用更为可取，觉得他缺少作出确定的正当理由。被告的一般性论证则反对硬取危险之物而舍弃有用之物的做法。对原告和法官提出问题，若身处其地，他们会怎么行事，并对时间、事物、地点以及自身的审慎思考作生动鲜明的描述。

　　在反诉（translatio criminis）里，举出如次问题，一，指控的矛头是否真正地掉转向对方；二，转移至对方的罪行是否与被告所受指控相当；三，他是否须重演对方当着他的面犯的罪行，或判决是否已在其他罪行处获取了先例，或是否因为此事没有发生过，问题尚待裁决。原告的一般性论证则反驳此人优先考虑凌驾于公正之上的强力；被告试图凭着夸大（amplificatio）任意指控，且竭力显明他不可能以另外方式行事。

　　在开脱（purgatio）里，须询问就行为来说，是否存在迫不得已之处：暴力是否能以某种方式避免或减弱，被告是否也考虑过他原本能够做的事情，或想出反对此举的理由；是否可经由推测而证明意图确实在起作用，彼处迫不得已只用作掩饰而已；最后,迫不得已是令人信服的么? 被告若是以不知为借口,则须询问他是否确实不曾知晓;他是否有想了解的意愿;他是否碰巧没有了解,抑或错在无知;最后,无知是个充足的理由? 原告一方的一般性论证反对对方一面承认所作所为,一面却想以迂回之法暗暗引入借口。被告吁求同情和怜悯;须时时刻刻念及意之所向:失误之处,便是无罪之地。

在祈求免予责罚(deprecatio)里,被告请求考虑他另外的种种功绩及优点,期盼能免除指控:在其过错的根柢处,没有潜隐丝毫卑鄙的意图;其他人也以同样的情形获得了宽恕;不会因他的获释而在同胞或其他国家中间产生害处和恶意的诽谤。原告则可作相反之论。

在转移责任(remotio criminis)里,将过错的责任推到某人或某事头上:在前者的情形中,询问的问题为:此人确实具有这般影响么? 如何能体面而平安地抵拒此人的影响:推测的证明不顾及所作所为的意图的性质。所作所为的起因若是推到某事头上,则运用的步骤一如出自迫不得已的开脱(purgatio)。

十六、论记忆和发表讲演①

　　自高尔吉亚以还,智者便赋予即席演讲(autoschediazon)②
非同寻常的价值,然于庭辩及议事类演说里,一般而言,演讲辞
会被书写和记下来。好评如潮的演说还可能再经修订,予以出
版。顺便提一下,西塞罗归国之后的第一篇演说辞,乃是读给元
老院听的,因为太长了。强固自身的记忆力,至关紧要。古代记
忆能手具非凡的成就。修辞学者塞内加(Seneca)谈及自身,道:

　　　　我不否认本人的记忆力一度十分强健,确是奇异,
　　且置其日常运用的效力不论。两千个名字一口气说出
　　来,我会以同样顺序复述一遍;我的学友会聚一堂,每
　　人提供一行诗,数目乃逾两百之众,我能倒背若流。我
　　欲何物,记忆常可迅捷将其拈出;已吸收消化而牢记
　　者,亦是确凿可靠(memoriam aliquando in me floruisse,
　　ut non tantum ad usum sufficeret, sed in miraculum

---

① 尼采原注:理论授受(technē),付诸实践(askēsis),天赋技能(physis),三种标
　　志,为记忆(mnēmē),字斟句酌(meletē),最终发表(aoidē)。
② 指有准备而不用讲稿的演说。

usque procederet, non nego. Nam duo milia nominum recitata, quo ordine erant dicta, referebam et ab iis qui ad audiendum praeceptorem nostrum convenerant, singulos versus a singulis datos, cum plures quam ducenti efficerentur, ab ultimo incipiens usque ad primum recitabam. Nec ad complectenda tantum quae vellem, velox erat mihi memoria, sed etiam ad continenda, quae acceperat）。

凯奥斯岛的西摩尼德①（Simonides of Keos）被视为记忆术的创制者。其两行诗（Distichs）道：

向着童子列奥普瑞佩俄
西摩尼德背诵至八十词
（mnēmē d'outina phēmi Simōnidēi isopharizein
ogdōkontaetai paidi Leōprepeos）

　　克冉农（Krannon）的斯科帕得（Skopades）的盛筵令人叹为观止。智者希庇亚（见柏拉图《希庇亚篇》,97E）能背诵五十词，以此自夸为特殊的天才。阿那克西美尼（Anaximenes）和亚里士多德没有谈及记忆（mnēmē）。亚里士多德的朋友忒俄德克特（Theodectes）,为名副其实的记忆能手：据说诗句无论多少,一入其耳,即可复述（semel auditos quamlibet multos versus protinus dicitur reddidisse）。

　　康尼蒂修发掘了关于此问题的各种已有的著作。演说家就

———————————

①　利玛窦《西国记法》译作西末泥德。

此(记忆步骤)较少规律可循。他着重提及譬如一栋含具所有房间及厅堂的屋子,一间包纳所有物品的房间,或一条有着最为醒目楼宇的街道之类。随时复制其完美而精确的形相,须绝对地明白无误。各部分之间若是等距,且彼此截然相异(不是纯粹的柱子或树木),则是恰到好处的。记住的材料排布于各个确当的位置,故,与材料弥合无分的记忆形相,便和位置有了关系。如是,人们记住了自身凝目端详之位置和形相。背诵所习得之物,此际,位置的顺序将所习得之材料的顺序供予我们。人们愈是运用同样的记忆步骤,便愈能可靠地依仗它们,经验让人知晓这一点。记忆形相是种种象形文字符号:锚意谓航行,剑意谓战争。也可用形相作为原初之词的符号,"sol"(太阳常处的位置)代表"solet"(他所习惯者)。因此,人们欲交托给记忆体系的,有多少材料,欲使用象征的词语或句子,又有多少,就视个人特有的偏爱而定了。若是记忆形相经某种联想而接贯成链,人们便可在缺少记忆步骤的情况下熟记。

对于没有记忆术的人而言,有以下规则。须将演说辞一小段一小段地记住。尤其是费劲的段落总应在页边以记忆标识勾画出来。人们最好还是逐字熟记,以特定文字形式出现的页面用符记标出,发表演讲(表演)之际,将整件事儿近乎一气宣出。若干插入的段落得愈益坚实地记住。以平静悦耳的声音宣讲。深透细密的练习必不可少。先是记住篇幅不大的部分,而后是愈来愈长的段落;先是诗句部分,继而为演说的散文,为较少艺术气味的段节。不可过于仰赖新鲜的记忆:前一天晚上所熟记者,保留得较好。记得较好,则愈益呈现即席演说的风韵。无论是谁,拙于记忆,或短于时间,彼时皆可用全局视点化解尽净,保留了形成即时的表达声情的自由度:就此而言,某种即席演讲的技巧便是必要的。

发表演讲(表演)(hypocrisis)。据哈利卡纳苏的狄奥尼修斯之见,此分划为声音的韵律特征(情态意义)和身体的姿态(pathē tēs phōnēs kai schēmata tou somatos)。罗马人称之为 actio 或 pronuntiatio①:照西塞罗看来,身体的雄辩,滔滔不绝,动作亢激(姿势刻意修饰),摇荡听者之耳目,乃是要务;一篇平庸的演讲辞,付予高亢有力的表演,较之于毫无声情之助的最佳演说辞,更具分量。有人问,贯穿演说家全部工作的核心是什么,德摩斯忒涅(Demosthenes)答道:(1)表演;(2)表演;(3)表演。至于语调,本乎自然,最为紧要,运用之道尚在其次。音域,强度,耐久力,柔韧性,音色。不懈地练习,常常发声表演需熟记的各个片断。咬字尤须清晰,最末的音节不该含含糊糊发出,却也不要逐个点数字母。依照标点吐字,在完整句尾加以停顿,且放低声音。发音器官健全,洪亮圆润,须据其讲演风格,呈现出变化来,以免单调。演讲伊始,不应大声。演讲速度,须疾而稳,缓而紧(Promptum sit os, non praeceps, moderatum, non lentum)。尤其是演说收尾处,须一口气说出许多东西。切忌节奏平板,这可是亚细亚人(Asiatics)所为:希腊奥菲士教徒使用的语调软和悦耳、抑扬若歌。惟在结尾,声音或许变得沉郁哀婉(flebilis)。大体而言,哈利卡纳苏的狄奥尼修斯道:

　　　不再考虑据实陈述之后,觅寻表演的各种方式,简

---

① 此二词意谓演说家或者说修辞学者发表演讲,包括伴随的手势等身体动作,抑扬顿挫的语调,声情兼指。罗兰·巴特《文之悦》道:"在古代,修辞学包括已被经典诠注者遗忘并删却了的那一部分:表演(actio),一套宜于促进话语之肉体展裸出来的程式:它涉及到表达的场所,演员似的雄辩家'表现'其愤怒、同情之类的场所。……由戏剧式的抑扬顿挫、微妙的语势、交感的音调运载着,……其标的……在于信息的明晰,情感的戏剧效果。"(Roland Barthes, *Le Plaisir du texte*, Seuil, 1973, pp.104-105)

单之极（pany gar euēthes allo ti zētein hypokriseōs di-
daskalion aphentas tēn alētheian）。

康尼蒂修道：

> 须记住：演讲者所说者，一似涌自内心，善好的表
> 演赋予了这点（scire oportet, pronuntiationem bonam id
> proficere, ut res ex animo agi videatur）。

姿势和仪态。头的姿态应自如，挺直。在证明期间，头部连
同整个身体微微向前倾俯。仪态绝不可变成形体动作或身体姿
势的原生状态。在昆体良《演说术原理》（第 11 篇，第 3 节）可
找到出色的描绘。

雄辩术简史

亚里士多德《智者篇》(2a., 8, 57)①称恩培多克勒(Empedocles)是修辞术的创立者,②就跟芝诺(Zeno)是辩证法的发明者一样:他在人口稠密的阿格立真坦(Agrigentum)是个大受欢迎的演说家,他在那儿引入了民主政治。③ 叙拉古的科拉克斯(Corax)留下了一部《技艺》(technē):演说家必须力求可能性(eikos):他划分了演说辞的诸部分,并用介绍(katastasis)这名

① 指第欧根尼·拉尔修(Diogenes Laertius)《名哲言行录》(Lives of Eminent Philosophers)中所处的卷、章和页码。
② 西西里的科拉克斯(Corax)和梯希亚斯(Tisias)以及智者高尔吉亚都是恩培多克勒的学生。
③ 第欧根尼·拉尔修《名哲言行录》道:"亚里士多德说他酷爱自由,反对任何形式的统治,因为,如赞塔斯在其文章中所述,恩培多克勒谢绝拱手相送的王位,显然是因为他更喜欢过俭朴的生活。蒂迈欧同意这种说法,同时给出了恩培多克勒之所以喜欢民主制的原因:他曾被邀请和一位长官一起赴宴会,当宴会已进行了一些时候,酒却还没有端上桌来,其他客人都不作声,他却发怒了,吩咐拿酒来。东道主说他是在等候元老院的官吏到来。当那人一到,东道主将他安排在主宾席上;此人并不怎么掩饰他自己要当僭主的计谋,他竟命令客人们要末喝酒,要末将酒浇在头上。这时恩培多克勒沉默不语,第二天他就控告东道主和那个主宾,使他们受到惩罚,判处死刑。这样开始了他的政治生涯。"(姚介厚等著《希腊哲学史》第一卷,人民出版社1997年版,第793—794页;《名哲言行录》,马永翔等译,吉林人民出版社2003年版,第533页)

目来称呼引言（prooemium）。他给修辞术下的定义：以说服为业的匠人（peithous dēmiourgos）。

他的弟子是梯希亚斯（Tisias）。有一个著名的故事，说科拉克斯跟梯希亚斯签了个协议，只有梯希亚斯赢了第一场讼案，才付学费给科拉克斯（普罗塔戈拉和欧亚塞卢之间也有同样的故事①）。科拉克斯起诉了梯希亚斯，辩论道，无论哪一种情形，都必须付费给他：倘若他赢了，这是法庭判给他的；要是输了，按照协议也得付。梯希亚斯把辩论完全倒过来了：无论怎样他都不用付。如果他赢了，他也不用付，因为法庭的判决就免除了他的费用；要是输了，那么，契约就不适用。法官以"恶乌鸦生下的坏蛋"（ek kakou korakos kakon ōon）[科拉克斯（Corax）与乌鸦（korax）同音]为判词，将他俩逐离。在图里，梯希亚斯是吕西阿斯的老师，在雅典，是伊索克拉底的老师。生于公元前480年左右，像个智者那般周游各地，留下了一部《技术》（technē）。梯希亚斯和科拉克斯实际上是法庭演讲术教师。这职业不同于严格意义上的希腊智者，也不同于东方诸殖民城邦的智者，那儿原初的真正名称是 sophistēs（能工巧匠，医生，诗人，政治家，哲学家）。他们提供百科全书式的教育。

阿布德拉（Abdera）的普罗塔戈拉（Protagoras）生于公元前485年，公元前455年（这一年是智者运动有记载的日期）左右周游于希腊各城邦。普罗塔戈拉对阿提卡演说家的影响比西西利人②要早得多。他答应教 ton hēttō logon kreittō dokein（教人

---

① 有一次普罗塔戈拉向门徒欧亚塞卢收取学费，后者答道："但我还没有赢得一场论辩呢。""不，"普罗塔戈拉说，"如果我赢了你，我一定能得到报酬，因为我赢了；而如果你赢了，那我还是可以得到，因为你赢了。"（《名哲言行录》，前揭，第592页）

② 指高尔吉亚。

将弱论变强）：如何凭借辩证法使较弱的一方获取胜利。① 他期望这种辩证法能使其他所有技艺和科学都成为多余的：如何能不身为几何学家而驳倒几何学家：在自然哲学、摔跤和治国方面也是如此。学生必须熟记各种演说样式。《论辩术》（technē eristikēs or antilogika）（按照阿里斯托森的看法，柏拉图可能据此书取用作《王制》亦即《论正义者》的材料②）。当然还有其他重要的智者。

公元前五世纪中叶之后这种新式教育的实行结果是：伟大的伯利克勒斯（Pericles）。他与普罗塔戈拉有过多次辩论：柏拉图将伯利克勒斯的精通演讲术归因于阿那克萨戈拉（Anaxagoras）的哲学：③它引起其心智卓绝的飞跃，对自然和人类具有了入木三分的洞察力，见《斐德若》（Phaedrus，269e）。④那时，城邦最重要的人物仍然耻于结撰演说辞，以文字

---

① 指变弱的论证为强的论证的技艺。

② 第欧根尼·拉尔修道："欧佛里翁（Euphorion）和帕奈提乌说，有人发现《王制》的开头修改并重写了好几次，阿里斯托森则说，《王制》几乎完整地包含在普罗塔戈拉的《论辩术》之中。"（《名哲言行录》第 192 页）"法沃里诺在《历史杂记》第二卷道，在普罗塔戈拉《论辩术》中可以发现几乎整部《王制》。"（《名哲言行录》第 201 页）这里指普罗塔戈拉关于正义与非正义的论辩。

③ 而不是归因于智者。

④ 柏拉图《斐德若》苏格拉底道："所有这类大技艺都必须得闲谈和高谈自然。毕竟，高远的心智及其弥远弗届的效力似乎就是从那个地方那儿来的。除了好天赋，伯利克勒斯获得的就是这东西。毕竟，我觉得啊，由于当时他撞上了与阿那克萨戈拉这样的人在一起，饱餐过高谈［自然］，曾经走向［探知］心智和思想的自然——阿纳克萨戈拉就这些作过很长的论述。伯利克勒斯在他那儿吸取，为他的言辞技艺派用场。"

"在两者那里都得划分自然，医术划分身体的自然，修辞术则划分灵魂的自然，如果你想要凭技艺——而非仅仅凭成规和经验——应用药物和食物［给身体］带来健康和强健，应用言辞和符合礼法的生活习惯［给灵魂］传递你兴许希望的那种说服和德性。"（柏拉图，《斐德若》269e5—270b9，刘小枫译，收于刘小枫主编，《柏拉图中短篇作品集》，华夏出版社，即出）

形式①留传下来。伯利克勒斯依旧缺乏后来演说家尤其是德摩斯忒涅(Demosthenes)的激情澎湃的形态。他冷静地(交叉双臂)站在那儿;披风保持着同样的褶皱,纹丝不动,高峻严肃的面容决不绽露一丝笑容,嗓音总是保持着同样的音调和音量——在在都与德摩斯忒涅大不同,但感人至深,给人非凡的印象。

就是在西西利,高尔吉亚(Gorgias)第一次使散文体演说拥有艺术风格,这种演说初先确是用于颂词,而不是实务演讲辞;他将此带到了雅典。稍后,在雅典出现了用于审判程序的文字演说辞(logographia),最初仍以古体表现的是安提丰,这从梯希亚斯的修辞术发展而来(梯希亚斯也源出别处),从东部诸城邦智者的辩证法发展而来,模仿了现存的诉讼行业的习惯。其风格也要求艺术化:因而有了用作仿效摹本的文字演说辞的出版品。

修辞学者忒拉叙马霍斯(Thrasymachus)很明智地形成了适宜于实务演说的风格,以匀称的完整句和文雅的术语取代高尔吉亚的华丽宏大和安提丰的刚峻庄严。在(智者)运动中心处占有位置的人物克里底亚(Critias)和安多基德(Andocides),他们本身都不是智者。塞拉西马科是吕西阿斯的同时代人,柏拉图《王制》在引子中讽刺地将他表现为傲慢、邪恶、不道德、愚蠢,通常总是以修辞术师的面目呈现。他是中间风格的创立者;是适合于实务目的的完整句的创制者;据亚里士多德说,塞拉西马科第一个使用四音节音步韵律。因此,他首创了匀称或简洁的完整句(periodos strongolē, or synestrammenē),这是高尔吉亚和安提丰尚未知晓的。思想被压缩成一个完整

---

① 他们认为文字形式束缚了思维的跌宕和自由。

体;在高尔吉亚那里,松散的对偶句排成一串。西塞罗以为塞拉西马科写的几乎都是太韵律化了。他替后来的实务演说家尤其是吕西阿斯开辟了道路,吕西阿斯与作赞颂辞的伊索克拉底相反。

声名狼藉的克里底亚(Critias)非常杰出。必须说明他没拥有安多基德在(十大演说家)名录中那样的位置,但损害他名誉的,是他为三十僭主之一。他具有高贵的思想,简朴的形式。他是新雅典文体简洁典雅的代表。没有充满力量和激情,没有迷人的狂热。因而出之以 all' emoige dokei 或 dokei d'emoige(但在我看来)之类的断辞。

另一位演说家是安提丰(Antiphon),利姆诺岛人,出生在希波战争期间,比高尔吉亚年轻点。他是第一个替人写演说辞的。作为演说家,他被冠以"涅斯托尔"(Nestor)①的绰号,成为其显赫标志。他完全没有什么政治野心。修昔底德(Thucydides)(8,63)对其推崇备至,修昔底德可能是其学生。古代文献载有他的六十篇演说辞;凯西里乌(Caecilius)称其中二十五篇是不可靠的;另外,还有一部《技艺》(technē),一本引言和结语的汇集。现存十五篇,其中十二篇合成三个不同的四部曲。Cf. Blass, p.91. 它们大部分是*刑事讼辞*(logoi phonikoi)。只有三篇与真实讼案有关。除了修昔底德的意见之外,他还被看做早期严格的演说艺术的大师,尤其是政治风格的演说占有重要地位。他在十大雅典演说家名录中排在第一位,这也许是在亚历山大里亚初次整理排列的。他的演说辞的谋篇布局很有规律。从伊赛乌斯以降,进入文雅风格的时期,演说家喜欢以违反自然的方式运用艺术。公众场所的演说家运用有点古远的语言,以庄重

---

① 特洛伊战争时希腊贤明长者。

的表达风格,优雅地呈现出来。演说中的优雅风格比起历史或悲剧中的优雅风格来,当然更接近吕西阿斯的平易风格。觅取古语词作为获致优雅风格的手段,就像伯利克勒斯已经知晓的:xyn,es。现代方言出自较古的方言:譬如 ss 取代 tt。有奇特的见解认为那时只有 pragteō 曾被说过。安多基得、吕西阿斯等等,而不是高尔吉亚和安提丰,采用了新的发音。在结撰、合成方面,安提丰取简朴而不加修饰的风格(austēra harmonia),与伊索克拉底的润饰而洁雅(glaphyra)的风格相反。

安多基德(Andocides)公元前 468 年出生于贵族家庭,曾透露依洛西斯秘密仪式①的庄严程序。他政治生涯的活跃期是在伯罗奔尼撒战争期间,作为军事首领和特使,他卷入了赫墨科庇德(Hemocopides)审判。我们拥有四篇涉及他自身事务的演说辞,其中只有两篇,《关于自己的回来》(peri tēs eautou kathodou)、《关于宗教秘密仪式》(peri tōn mystēriōn),是可靠的。安多基德不是实务演说辞的名家;他在这类演说辞的各个方面都不明晰。很少修饰,不生动。他的风格不是一以贯之,而是不稳定的。他甚至从悲剧那儿借用表达方式。通常使用日常生活语言。论辩过程中表现一般,叙述能力却是上佳,原因在于演说辞中常常注入诸多故事。在精神气质的塑造上,吕西阿斯远胜于他。在引起怜悯和同情方面,两人都是弱的。十大演说家当中,安多基德天分和训练最少,虽则只是名列其中也是极大的荣耀。

吕西阿斯(Lysias)公元前 459 年出生于雅典,他富有的双亲在公元前 475 年离开出生地叙拉古,到雅典作为外国居民安下

---

① 古希腊每年在依洛西斯(Eleusinian)城举行秘密宗教仪式,祭祀谷物女神 Demeter 及冥后 Persephone。

家来。他参加了前 444 年图里城的兴建,在那儿投于梯希亚斯和尼克亚斯(Nikias)门下学习修辞学。前 412 年返回雅典,前 377 年去世。他由"反埃拉托司泰尼辞"奠定了声誉,埃拉托司泰尼(Eratosthenes)是他兄弟波吕马库(Polymarchus)的谋杀者,三十僭主之一。他设立了一所重要的修辞学校。总共 425 篇演说辞中,古人认为 230 篇是真实的。34 篇保存了下来,然而是否都是真的已无法确证。其《技艺》(technē)一书佚失了。他精通法庭雄辩术中不确定类讼案[tenue(diaporeticum genus)]。吕西阿斯在柏拉图的《斐德若》遭到尖刻的批评,就因为他(对论辩的)非哲学处理。相反,伊索克拉底则以其某种程度上的哲学趣味而得到赞美。不同的质料凸显了两人的特征。因为吕西阿斯除了有关爱恋的论辩之作外,只写了遭柏拉图轻视的庭辩演说辞,伊索克拉底却以政治为背景从理论观念而不是实际事务的角度写了诸多词藻华赡的演说辞。但没有什么立足点可以仅凭材料就评判何者更为可取:毕竟伯利克勒斯被公认作伟大的演说家。对术语和界限缺乏一般性的界定。极少触及一般性原则。如此,思想的正确法则和逻辑顺序是不具备的。一篇技艺精巧的演说辞不一定要有丛集的论辩,论辩可以任意地各种方式安排。柏拉图只赞美一种风格:明晰和雅致兼具的风格。后来,尤其在狄奥尼修斯那里,吕西阿斯是素朴、简明、紧凑风格(charaktēr ischnos, lexis litē kai aphelēs, synespasmenē)的代表。西塞罗论及此类演说家,用了这般说辞:演说家技艺精湛,智力超群,简朴平易,谨慎自持(tenues acuti subtiles versuti humiles summissi)。然而严格模仿普通演说辞,对众人说来貌似容易,却异乎寻常困难。精巧或平易只可传授,其有限的手段不允许它促发激情。因此,成为完美之大师者,不是吕西阿斯,而是塞拉西马科。塞拉西马科的演说时而简练,时而有力,时而和缓,全依情境而定。力求真正的庄严宏大，总与局部的失败形影相连，而若是旨在较低的目标，用不着以卓绝的技巧去避免出错。即便如此，那些尝试了，却没有达到高目标的演说家，仍然远远地上升到了平均线之上：美德的伟大，而不是其数量，是起决定性的。《论崇高》(peri hypsous) 的作者①比较柏拉图和吕西阿斯的时候即如此说。最终说来，吕西阿斯是第二位伟大的文字演说辞作家：他走得甚至比塞拉西马科更远，使用来自日常生活的词语；他完全通晓完整句和比喻修饰的构造，但并不是处处都使用这些。所有这一切都在三十年的时段内：就在这同一个期间，新的倾向已经出现了，就是伊索克拉底的雄辩术。

伊索克拉底 (Isocrates) 公元前 436 年出生于雅典，是梯希亚斯、高尔吉亚、普罗狄科 (prodicus) 和苏格拉底的学生，是最伟大的雄辩术教师。他曾是腼腆的，而且嗓音轻弱。在伯罗奔尼撒战争结尾时，他父亲失掉了财产：因而他写了讼辞。前 392 年，他开办了一所极具盛名的学校，先是在开俄斯 (Chius)，前 388 年则到雅典。前 338 年，凯罗尼亚 (Chaeronea) 附近发生的战役之后，他对失去自由极度悲伤，就绝食自杀。他有理想主义的追求，具强烈的爱国品性。他将学校引向政治雄辩术。六十篇演说辞中，普罗狄科确定二十八篇是真实的；有二十一篇保存了下来，十五篇颂辞和六篇讼辞。最著名的是前 382 年九十四岁时作的颂辞。《技艺》(technē) 一书未必可靠。其最具才智的学生是忒俄坡谟浦 (Theopompus)、厄福汝斯 (Ephorus)、菲蒂守 (Phi-

---

① 指狄奥尼修斯·朗吉弩斯 (Dionysius Longinus)，10 世纪手抄本作者索引为 Dionysius or Longinus，据此，有学者认为是一世纪哈利卡纳苏的狄奥尼修斯 (Dionysius of Halicarnassus) 或者帕尔米拉人卡修斯·朗吉弩斯 (Cassius Longinus, 213–273) 所作。不过，一般往往如尼采那样，称为"《论崇高》的作者"。从后文写作 Dionysius Cassius Longinus (213–273) 看来，尼采偏向于卡修斯·朗吉弩斯。

tisous)、安德罗提翁(Androtion),还有伊赛乌斯(Isaeus)、德摩斯忒涅(Demosthenes)、许珀里得(Hyperides)、忒俄德克特(Theodectes)等等。他是一切诡辩术的敌人,譬如在《反智者》(kata tōn sophistōn)、《海伦颂》(Helenēs enkōmion)和《论财产交换》(peri antidoseōs)当中就是如此。只有到了暮年,他才致力于理论;于是在《反智者》批评理论家;*不要使用技巧,而要多练习*(ou methodōi all' askēsei grēsasthai),这是他早期的声明。他是采用崇高的政治雄辩术的第一人。狄奥尼修斯(《伊索克拉底论》,1)道:

> 他第一次脱离了诡辩和自然哲学,开始进入政治事务,并进而严肃对待政治知识本身(prōtos echōrēsen apo tōn eristikōn te kai physikōn epi tas politikas kai peri tautēn spoudazōn tēn epistēmēn dietelesen)。

他具有纯净的风格,但不像吕西阿斯那般是其自身原朴面貌的表达,而是充满艺术意味的形态。狄奥尼修斯道:

> 伊索克拉底艺术才能的崇高品质的确是令人惊叹且伟大,所具特性更适合于半神、英雄,而不是人(thaumaston gar dē kai mega to tēs Isokratous kataskeuēs hypsos, hērōikēs mallen ē anthrōpinēs)。

他效法修昔底德和高尔吉亚的壮丽(megaloprepeia),雄浑(semnotēs),典雅之言(kallilogia)。但与德摩斯忒涅无与伦比的雄辩力量相比,就只好像运动员与祖国的守卫者相较。他比优美更雅致,比魅力更照人。狄奥尼修斯(《伊索克拉底论》,

3) 道：

> 吕西阿斯的表达风格拥有天然的魅力，伊索克拉
> 底总是寻求这一点（pepsyke gar hē Lysiou lexis echein
> to charien, hē d'Isokratous bouletai）。

匀称的完整句，层出不穷的修辞手段，因过于丰足、完满，总趋于单调，离题。精详阐述方面胜过吕西阿斯，材料的布排和分类方面则远不及。因而他写的只能算一点点而已，倘若考虑到他的长寿的话。此外，针对的更多是读者，而非听众。是真正庭辩演说辞，但量不多，相较而言不具有讼辞模式，不是供练习用的演说辞。

伊赛乌斯（Isaeus）生活于公元前 420—348 年左右。他出生在卡德里（Cadris），在雅典受教育，吕西阿斯和伊索克拉底是他的老师。然后成了一名文字演说辞代写者（logograph），建立学校，并在里面训练文字演说辞的撰写，德摩斯忒涅就是其中最出色的。伊赛乌斯有六十四篇演说辞，文献校订家认为其中五十篇是可靠的。留传下来的只有十一篇，全是有关遗产问题。其论技艺的著作失传了。他在风格的纯净和明晰方面与吕西阿斯相类似：然而他的风格并不是那么天然去雕饰的，而是精巧，雅洁，文饰。总的说来，他是位充满感染力的演说家。

> 其风格缺少吕西阿斯那般魅力，但他凭卓越的艺
> 术手段予以弥补了（hoson te apoleipetai tēs karitos
> ekeinēs, tosouton hyperechei tē deinotēti tēs kataskeuēs）
> （这般艺术手段已成为真正的源泉，德摩斯忒涅身上
> 流动的修辞力量就源出于此）。

由于他对材料特别精致的分析和对论证巧妙的编织:其敌人将他看做最聪明的诱骗者。由安提丰创造、伊索克拉底确立的政治演说,在他手里呈现出更鲜明的轮廓。先前只留存十篇演说辞。1785 年,在劳伦抄本(Laurentian codex)发现了第十一篇,peri tou Menekleous klērou（关于墨涅克的遗产）;1815 年,梅(Mai)在安布罗逊抄本(Ambrosian codex)中发现了先前佚失的最大部分 peri tou Kleōnymou klērou（关于克勒俄倪穆的遗产）。马其顿时期,煽动者和演说家几乎是同义语。反马其顿的政党就由莱喀古斯(Lycurgus)、德摩斯忒涅、希波克拉底(Hippocrates)等人组成;亲马其顿者则由埃斯基涅(Aeschines)、欧布卢(Eubulos)、潘陀克拉底（Pentocrates）、德玛底（Demades）、皮泰亚(Pytheas)组成。

莱喀古斯(Lycurgus，Ⅵ),公元前 396 年左右出生于埃忒卜塔德(Eteabutades)家族,在柏拉图和伊索克拉底门下受教育,早年进入政治舞台。尽心尽责,一意为公。古时存有十五篇演说辞,其中一篇驳勒奥克拉底辞留传了下来。据狄奥尼修斯的说法,其道德倾向非常明显。他使用的描述方式是庄重和崇高,而不是令人愉悦。隐喻表达上粗硬冷峻。配置材料不精密,常常偏离主题。他演讲仿佛是即兴的,既不文质彬彬,也不令人愉快,就好像在说非做不行的事(ou men asteio oude hēdus all' anakaios)。

德摩斯忒涅(Demosthenes，Ⅶ),公元前 385 年出生于雅典的皮埃尼亚(Paeania)省,七岁时,父亲去世;他的监护人是阿佛波(Aphobos)和俄涅冬(Oneton)。他在柏拉图、伊赛乌斯和伊索克拉底门下受教育。十七岁时,他受卡里斯特拉图(Callistratus)演讲的吸引,去学习演说术。他完全被这般热忱占据了,针对自身天赋或后天教育的不足处反复训练。前 354 年,他首次登台面对公众演讲。他的真正的政治个性随着佛利普(Philip)

的计划展现得愈来愈清晰。前346年,佛利普看起来已倾向于和平,德摩斯忒涅是十位特使之一,前往雅典国王处。雅典国王拒不受贿,并识破了佛利普的背信和奸诈。福基斯(Phocis)的征服者①对雅典人很失望。德摩斯忒涅觉得两权相较取其轻,建议就和平问题投票表决。佛利普很快就介入了伯罗奔尼撒事务:德摩斯忒涅迅速向叛国者②提起诉讼,那叛国者仍然是使节团的领袖[《倒伪使节团》(de falsa legatione)是反埃斯基涅辞]。佛利普的军队在凯尔绍涅行动,德摩斯忒涅的鼓动导致了色雷斯(Thrace)的光荣斗争,这在拜占庭的救援之下于前340年结束。最后一位福基斯国王从佛利普处逃脱,离开了希腊。佛利普占据了爱利提亚(Elatea)。听到这一惊动人心的消息,只有德摩斯忒涅没失掉勇气。他成功地联合了雅典和忒拜进行斗争,但没有成事。凯罗尼亚战役的结果是雅典在前338年丧失了独立。佛利普前336年去世,出现了新的希望:普遍的起义。亚历山大带着军队来到,起义就被扑灭了。只有忒拜面对卡德梅亚(Cadmea)依旧处于起义状态,最终被夷为平地。亚历山大就雅典的作用要予以惩罚,要求引渡民众领袖,其中就有德摩斯忒涅,但他得到了佛基翁(Phocion)和德玛底的斡旋。之后的和平期间,德摩斯忒涅卷入了前325年凭借贿赂煽动哈尔帕卢(Harpalos)的案件审判中;他遭到判决,但没被拘捕,就逃往雅典。亚历山大去世的消息传到那儿,勒俄斯塞涅(Leosthenes)发动了拉米安(Lamian)战争。德摩斯忒涅怀着真诚的爱国心,参加了使节团,这是雅典派往全希腊诸城邦作广泛动员用的,他被召回雅典,受到隆重接待。然而前322年克冉诺(Crannon)战役

---

① 指马其顿王国腓力二世。
② 指埃斯基涅。

失败了,安提帕特(Antipater)强订和约。德摩斯忒涅逃离了这位不共戴天的敌人,去到卡拉乌里亚(Calauria),在那儿死于安提帕特的仆人给他服的毒药。

他没有像埃斯基涅那样天生就拥有雄浑有力的嗓音,也没有德玛底擅长的即兴演说的才能。他必须精密地构筑其思想。他的嗓音气息短促,不连贯,口齿不清;姿势也不优雅。同样的原因也把伊索克拉底排斥在公共活动之外。德摩斯忒涅在自学方面的历史记录中占据极其显著的地位。他成为强有力的演说家(dynatōtatos rhētorōn),其演说随物赋形(deinotēs)的能力无人能及[西塞罗,《布卢图斯》(Brutus)];你会毫不犹豫地称德摩斯忒涅是方方面面完美、没有任何缺憾的(演说家)(plane cum perfectum et cui nihil admodum desit dixeris)。① 总共有六十五篇演说辞,现存六十一篇,其中有几篇是伪作,有些也可疑。有十七篇是议事类演说,其中十二篇是有关腓力(Philippics)的。第七篇《论阿罗涅索》(peri Halonnesou)是赫格西普(Hegesipp)所作,但插入于德摩斯忒涅早年作品名录中是因为第十一篇伪作(prō tēn epistolēn tēn philippou)引用了它。第四十二篇也是伪作,而在十二篇演讲辞占据第十二部分位置的,决不是佛利普的信函,等等。因而四十二篇庭辩类演说辞,有十二篇涉及宪法,三十篇讨论民法。其中最重要的是:《反监护人辞》,《反勒普提涅辞》,《反安德罗提翁辞》,《论荣誉》,这最后一篇是论雄辩术的最完美的杰作。两篇夸示类颂辞(epideiktikoi),其中葬礼悼词(logos epitaphios)赞颂凯罗尼亚战役中牺牲的战士,另一篇是爱情颂(Eroticos),这两篇都是伪作。颇令人存疑的是五十六篇引言(prooemia)和六封信。A. Schäfer, *Demosthenes und seine*

---

① 西塞罗《布卢图斯》(Brutus),95,325。

Zeit（Leipzig，1856-1859），3 vols.

　　许珀里得（Hyperides，Ⅷ），雅典人，柏拉图和伊索克拉底的学生，德摩斯忒涅的朋友，在忒拜遭毁灭之后，曾与他一起随同莱喀古斯、凯瑞得姆（Charidemus）逃亡，以避免引渡的危险。亚历山大去世之后，他参加了拉米安战争，马其顿人判处他死刑，他逃到伊齐那（Aegina）。前 322 年，安提帕特下令将他处死在伊齐那。总共有七十七篇演说辞，古人认为其中五十二篇是真品。我们现在只拥有数个片断，内中三个篇幅较大。1847 年，哈瑞斯（Harris）发现了一篇演说辞《驳德摩斯忒涅辞》（kata Dēmosthenous）的若干部分，以及三个断片；雅顿（Arden）发现了两篇《为吕科弗隆辩护》、《为欧塞尼普辩护》（apologia hyper Lykophronos，hyper Euxenippon），最后在 1857 年发现一篇《葬礼悼辞》（logos epitaphios）。他富有魅力和洞察力，恢宏气势和诗意色调。利巴尼乌（Libanius）称之为德摩斯忒涅一类的演说辞作家。许珀里得不受任何模式的限制，其风格处于吕西阿斯的中间型和德摩斯忒涅的强力型之间。他使用纯粹的阿提卡式简朴雅洁的表达手法，带点儿程式化。材料处理洞若观火，但并不煞费苦心。论辩庄重，优雅与魅力无与伦比。

　　埃斯基涅（Aeschines，Ⅸ），生于公元前 391 年，出身低微，先是在运动场做摔跤手的示范者，而后做文法教师，为政治家阿里斯忒枫（Aristophon）工作，后来做演员。公元前 356 年，他反抗佛利普。他是位有影响力的劝告者。前 347 年，他跟德摩斯忒涅一道作为使者被派遣到佛利普那儿去；背叛了祖国，接受了利诱。如此，他就成了德摩斯忒涅不共戴天的敌人。他如今是马其顿人那一方的首领。前 345 年，他写了《驳提马尔库辞》（kata Timarchou），反对对严重叛国罪的指控；前 343 年，写了

《关于非真心地执行出使任务》（peri parapresbeias）。① 前 314 年，在萨摩斯（Samos）去世。德摩斯忒涅以《论荣誉》（kata Ktēsiphōntos）击败了他，公开侮辱他。埃斯基涅的风格华美堂皇，条理清晰，机敏灵巧，冗沓繁复，伴随着虚饰的悲悯之情。声名最著的演说辞是《驳克特西丰辞》（kata Ktēsiphōntos）。埃斯基涅留存下三篇演说辞，七或九封信函（九封信函已佚失了）。他精于论证；其演说辞是奔涌天才的彻底倾泻。有力，恢宏，饱满。尽管有这种种魅力，激情跌荡，令人叹服，却仍是脂肪多于肌肉。阿提卡派（Attic school）②消歇之后，埃斯基涅成为流布广泛而浩大的亚细亚派（Asian school）③的奠基人，将这种艺术迁延到亚细亚，其影响力尤其在这方面展现出来。

　　丁纳尔库（Dinarchus，Ｘ），公元前 360 年出生于科林斯（Corinth），居住在雅典，替人，尤其是马其顿人那一方，写演说辞；他作为安提帕特的工具，在法莱柔的德米特里乌（Demetrius Phalereus）统治期间，非常活跃。前 307 年，法莱柔被攻克之后，丁纳尔库遭致放逐。经塞奥弗拉斯特（Theophrastus）的斡旋，十五年后得到回来的允可。因波利俄克拉底（Poliocreates）的指令，他在七十岁时被处死。有 160 篇演说辞；只有六十四篇或六十篇是可靠的，现仅存三篇。他是德摩斯忒涅的仿效者，绰号为"大麦（粉）做的德摩斯忒涅"（Demosthenes ho krithinos）。据哈利卡纳苏的狄奥尼修斯的说法，没有自身独特风格不是丁纳尔库的原初真面目。他模仿的对象时而是吕西阿斯，时而是许珀里得，时而是德摩斯忒涅。展显出一些粗野（tprachysēs）的风格来。

---

① 这篇演说辞埃斯基涅为自己出使佛利普时的操行辩护。
② 简朴雅洁风格的代表。
③ 繁复华丽风格的代表。

法勒柔的德米特里乌（Demetrios ho phalereus），出身低微，塞奥弗拉斯特的学生，凭令人喜爱的天才①成为强有力的政治家。前 325 年开始政治生涯，那是哈帕利安战争（正酣）的时候。佛基翁去世之后，他统治雅典十年之久（前 317–307）。在卡桑德尔（Cassander）②管理之下，大家起初对德米特里乌普遍都感到满意（给他立了 360 座雕像）。后来因其专横和无度，形成了一帮不满的公民。他就逃到忒拜，在那儿遇到了学者同道。住在托勒密·梭特尔（Ptolemy Soter）③处，得到善待。在托勒密猜疑的目光之下，前 283 年死于上埃及。他是位多产的作者，第欧根尼·拉尔修，10,80：

> 其中有历史和政治著作，论诗人的专著，集会演说辞和使节致词的汇集，甚至有伊索寓言及其他著述（hōn esti ta men historika, ta de politika, ta de peri poiētōn, ta de rhētorika, dēmēgoriōn te kai presbeiōn, alla mēn kai logōn Aisōpeiōn synagōgai kai alla pleiō）。

现存作品《论解释》（peri hermēneias）是伪作。在他身后，阿提卡风格雄辩术开始衰落。其演说辞风文雅，稍欠劲健之力，迎人心意。其表达手法雅致，辞采茂盛，无拘无束。他是最后一位阿提卡风格演说家。还能提到的演说家最多就是德摩斯忒涅

---

① 第欧根尼·拉尔修《名哲言行录》道："德米特里乌……依靠在雅典民众中的集会演讲，把持国家权力达十年之久。"（《名哲言行录》，前揭，第 319 页）

② 卡桑德尔（Cassander），前 358–297，马其顿摄政者安提帕特之子。前 317 年以马其顿将军身份指定德米特里乌治理雅典。前 305–297，为马其顿国王。

③ 德米特里乌先逃到忒拜，后来去埃及。托勒密·梭特尔（Ptolemy Soter），前 367/366 或 364–283/282。前 323–285，统治埃及。

的学生厄伊涅阿（Eineas），他在前210年跟提瑞库（Tyrekus）去
意大利。

罗得斯派（Rhodian school）由埃斯基涅建立。他被德摩斯
忒涅击败后，离开雅典，去罗得斯岛建了一所学校。真正的亚细
亚派是马格涅西亚的赫格西亚（Hegesias of Magnesia）确立的。
罗得斯派是阿提卡派和亚细亚派的居中介体，后者更有势力，虽
则在很大程度上更应受指摘。西塞罗（《布卢图斯》，95,325）区
分了亚细亚派内部的两种倾向：

> 亚细亚风格有两种类型，一是简洁精致，此特征得
> 自于思想的均衡和对称，要多于得自于思想的分
> 量……再是涉及迅疾与奔腾之势，虽没有简洁措辞这
> 份财富那么醒目，却是目前亚细亚风格的一般特征，与
> 演说的激流相并的，是煅词炼字立至精妙而华美之境
> （genera autem Asiaticae dictionis duo sunt：unum sen-
> tentiosum et argutum senteniis non tam gravibus quam
> concinnis et venustis. … aliud autem genus est non tam
> sententiis frequentatum quam verbis volucre et
> incitatum, quale est nunc Asia tota, nec flumine solum
> orationis sed etiam exornato et faceto genere verbo-
> rum）。

一是简洁风格与美妙思想相交织，二是冗沓繁复风格与雅
辞丽句一同疾流而下。希罗克勒（Hierocles）和阿拉班达的米涅
克勒（Menecles of Alabanda）属阿提卡派（雅典派）；克尼杜
（Cnidos）的埃斯库罗斯和米利都（Miletus）的埃斯基涅属亚细
亚派。属罗得斯演说家的，是阿坡罗尼乌斯（Apollonius）（人称

阿拉班达的摩隆，Molon），和忒谟诺的赫墨格拉斯（Hermagoras
of Temnos），他更以"技巧家"闻名。雅典此刻如何接收从亚细
亚转回的风格，是很值得注意的：亚细亚式的雄辩术在雅典（阿
提卡）逐渐形成了：美涅得谟（Menedemus）［安托尼乌
（Antonius）的宾客］，叙利亚的德米特里乌（西塞罗听过他演
讲），等等。西塞罗自身也是先作为哲学家［阿耳克亚（Arkias），
斐德罗，狄奥多图（Diodotus），波西多纽（Posidonius），斐罗（Phi-
lo），安提斯忒乌（Antisteus）］来训练，而后才是作为演说家：塞
诺克勒（Xenocles），狄奥尼修斯，麦尼普斯（Menippus），阿波罗
尼奥（Apollonius）。目标（telea）在此：用希腊文化转换罗马
精神。罗马向希腊雄辩术开放的事件，是前 155 年雅典人使节
团为降低毁坏 Oropos 城①罚金而取得的交涉结果。学园学者
科尔尼德（Corneades），法官第欧根尼（Diogenes），逍遥派阿里
斯托劳（Aristolaus）。影响非常大，致使迦图（Cato）为使节们支
付食宿费用。前 161 年，曾召集元老院会议讨论拉丁哲学和修
辞学，……它们不能再存在于罗马（senatus consultum de philos-
ophia et rhetoribus Latinis, ... uti Romae non essent）。六年过
后，结果元老院说（《埃利安 V. H.》，3，17）：

> 雅典人派来的使节团不是要说服我们，而是强迫
> 我们去做他们想做的一切事情（epempsan Athēnaioi
> presbeuontas ou tous peisontas alla gar tous biasomenous
> hēmas drasai hosa thelousin）。

---

① 阿提卡的港口城市。

在第一个皇帝①时期,雄辩术的特性没有变化。雅典的学园消失了一些;罗马的青年源源不绝地涌向马赛利亚(Massilia)或亚细亚,塔索斯(Tarsus)城②对演说家拥簦奉迎。演说术是年轻学子喜爱的科目。米蒂利尼(Mytilene)岛上学校教师有提摩克拉底(Timocrates)、勒斯玻那克斯(Lesbonax)、波塔蒙(Potamon)之类,他们都是提比略(Tiberius)的师友。在亚细亚,加大拉的塞奥多洛(Theodorus of Gadara)③是塞奥多洛学派的创立者;在罗马,他卷入了与帕拉摩(Palamor)的辩论。帕加蒙的阿波罗多洛(Apollodorus of Pergamon)是阿波罗多洛帕加蒙人学派的创始人。

声名盛于所有这些人的,是狄翁(Dio),外号"金嘴"(Chrysostomos,雄辩的),比提尼亚(Bithynia)普鲁萨(Prusa)人。在祖国未受承认,便去罗马,遭多米提安(Domitian)④的猜疑。应多米提安的要求,元老院讨论将哲学家驱逐出去,并不得进入罗马和意大利(philosophi Domitiano imprecante senatus consulto ejecti atque urbe et Italia interdicti sunt. *Gell. N. A.*, 15, 11)狄翁逃离罗马,据说受特尔斐神谕的建议,穿乞丐衣,开始徒步穿行色雷斯(Thrace)、伊利里亚(illyria)、司奇提

---

① 指奥古斯都(63BC-14AD),罗马帝国第一代皇帝(27BC-14AD)。原名屋大维,元老院奉以"奥古斯都(Augustus)"的称号。

② 此城建有教授修辞学和哲学的大学。

③ 第欧根尼·拉尔修《名哲言行录》道:"塞奥多洛彻底抛弃了当下对诸神的信仰。……他视愉悦和忧伤为最高的善和恶,其中一个来自智慧,另一个来自愚蠢。……他拒斥友谊,因为它既不存在于不智之人中间,也不存在于智慧之人中间;就前者而言,当匮乏消除后,友谊也就消失了,而智慧之人是自足的,根本不需要朋友。在他看来,对良善之人而言,不拿自己的生命冒险以保卫国家是合理的,因为他绝不会丢弃自己的智慧以使不智之人受益。"(《名哲言行录》,前揭,第138页)

④ 多米提安(Domitian,51-96),罗马皇帝(81-96),实行恐怖统治。

亚(Scythia)以及革忒斯(Getes)地区,衣袋里只揣着柏拉图的
《斐德若》和德摩斯忒涅的演说辞《倒伪使节团》。他返回至
普鲁萨,得到大量荣誉。96年,多米提安被谋杀后,他领导禁
卫队支持朋友科刻禹·涅尔瓦(Cocceju Nerva)(科刻亚努之
子)。他到罗马,得到尊崇。从罗马去普鲁萨,很快就厌倦了
小城心态。117年逝于罗马,受图拉真凭吊,哀荣甚盛。现存
演说辞八篇,属初期的很少。他在形式上主要模仿许珀里得
和埃斯基涅,甚至以为比德摩斯忒涅和吕西阿斯更可取师。

　　哈利卡纳苏的狄奥尼修斯(Dionysius of Halicarnassus),最
重要的修辞术批评家,在亚细亚诸学校接受训练,公元前29年,
25岁,到罗马,全力研究罗马史原始资料。他在此著《古罗马
史》(rhomaikē archaiologia)二十卷;前面九卷现今完全留存,另
存第十卷和第十一卷大部分,以及其馀各卷摘取的片断。以他
名义的修辞学著作是一部四个主体部分的集录,有些是狄奥尼
修斯写的。非常重要的著作都佚失了,但现存有《言辞联缀论》
(peri syntheseōs onomatōn)、《致格奈翁圣器库房函》(pros
Gnaion Pompēion epistolē),信函采用比柏拉图式的文字风格更
具优势的德摩斯忒涅式的文字风格。《致函阿迈翁论修昔底德
独特的表达习惯》(Epistolē pros Ammaion peri tōn Thoukydidou
idiōmatōn);《论修昔底德的风格特征》(peri tou Thoukydidou
charaktēros);《古代修辞学家回忆录》(peri tōn archaiōn
rhētorōn hypomnēmatismoi),划成六部分,现只存前面三部分:
1、吕西阿斯论,2、伊索克拉底论,3、伊赛乌斯论;后面三部分
仅存第五部分前面半部,《论德摩斯忒涅随物赋形的言说风
格》(peri tēs lektikēs Dēmothenous deinotētos)。与之相类似的
西西利卡拉克忒(Kalē Aktē, Kalaktinos)的修辞学者凯喀琉

（Caecilius）的著作①不幸失传了。《苏达》（Suidas）曾提到过他的一部著作。② 较早的演说辞的真实性无法确定。

新时代始于哈德良（Hadrian）：③雅典兴旺发达。马可·奥勒留（Marcus Aurelius）创办了两所公立学校，一为哲学学校，一为修辞学学校，前者有四个系（Katheder）（它们紧随在四所中学之后，每个系都有两个教授：雅典人的两种科目：智慧的训练和政治的训练）。教授每年得到一万德拉克马的报酬。后来每个系的教师数目上升到六名。因由皇帝的意志，"智者"的名称恢复了尊荣。演说家之间异乎寻常的竞争与严重的堕落、大量的轻浮不实相伴随。琉善生动地描绘了这幅堕落的画面。

赫洛德·阿提枯（Herodes Atticus）的声名在雅典远较他处为盛，安东尼（Antonines）对其偏爱有加，他维持着这种状况。他是即席演说的大家，作品失传了。亚细亚著名的，是密细亚（Mysia）阿德里安（Adrianis）的埃利乌斯·阿莱斯提试（Aelius Aristides），生于129年。现存五十五篇演说辞和论文。两部眼界狭小的修辞学著作。撒摩萨塔的琉善（130-200），早年为智者和修辞学者，四十岁时致力于哲学。他与一切智者派的诡辩术都对立。塔索斯的赫墨根尼（Hermogenes of Tarsus），这位早熟的天才（ingenium praecox），描述上卓有技巧，同时是修辞理论的著作者，十五岁时就成为公众教师，十七岁成为著作者。二十五岁之际，在语言上展现出无穷的才智：（1）依据赫墨格拉斯

---

① 指《论十位演说家的风格》。

② Suidas 是 10 或 11 世纪第一部完全按字母顺序排列的百科辞书。提到的凯喀琉著作是《按字母顺序排列的习语精选》。

③ 哈德良（Hadrian，76-138），罗马皇帝（117-138 年），他试图取消罗马和罗马行省间的差别。122 年去不列颠巡游期间，下令建造哈德良长城。采取谨守边境政策，加强集权统治。编纂罗马法典，奖励文艺。

的原理,论述事实、论点分列的修辞技术;(2)以四部书论述选题觅材;(3)以两部书论述修辞格;(4)论述适切的随物赋形的方法;(5)预先练习和讲演技巧。

三位斐罗斯忒拉图:1、佛拉维乌斯·斐罗斯忒拉图(Flavius Philostratus),希辣波利斯的威儒(Verus of Hierapolis)之子,塞维汝(Severus)①统治时还活着;2、他的长子,先是在雅典,后来在罗马做教师。应裘莉叶(Julia)皇后的请求,写了阿波罗尼奥·提阿那(Apollonius Tyana)的传记。是《智者的生平》(bioi sophistōn)、《半神》(Heroica)、《想象》(Imagines, eikones)的作者;3、是第二个斐罗斯忒拉图的孙子,得卡拉卡拉(Caracalla)②的宠信,264年死于伽利厄努(Galienus)治下。是一位美术批评家。③ 狄奥尼修斯·卡修斯·朗吉弩斯〔Dionysius Cassius Longinus(213-273)〕《论崇高》记述道,安蒂奥克的阿佛托尼乌(Aphthonius of Antioch)和亚历山大里亚的的阿厄利乌·忒翁(Aelius Theon of Alexandria)是现存《预先练习》(progymnasmata 作文或演讲初阶)的作者。比提尼亚(Bithynia)普鲁萨的希马里乌(Himarius of Prusias,约315-386),是雅典著名的修辞教师。佛提乌(Photius)分辨出属希马里乌的七十一篇演说辞,我们现仍有他作的三十六篇演说辞选集(eklogai),完整的二十四篇,断章十篇;为典礼演说辞和集会演说辞。罗马皇帝尤里安④(331-363)是他的学生。在拜占庭城,忒弥斯提乌(Themistius)的荣耀从君士坦丁大帝

---

① 塞维汝(Severus,146-211),罗马皇帝(193-211),实施暴君统治,建立军事独裁。

② 卡拉卡拉(Caracalla,188-217),罗马皇帝(211-217)。

③ 他也写了有关神话主题的绘画评论《想象》。

④ 尤里安(Julian),361-363年在位。曾宣布与基督教决裂及宗教信仰自由。

到尤里安直至狄奥多西一世始终延续着，我们现有其三十四篇演说辞。安蒂奥克的利巴尼乌（Libanius of Antioch）活跃在亚细亚，极其多产，现存六十篇演说辞，五十篇属慷慨陈词的演说（declamations）。① 我们因此拥有了修辞术训练的模范，拥有了德摩斯忒涅演说辞的著名目录及其传记。利巴尼乌是最后一位伟大的天才。

---

① declamations 包括对立法和司法这两类问题作论辩。利巴尼乌的演说辞大多有关安蒂奥克和罗马帝国东部地区的政治、社会和经济生活，后来成为诉讼演说和立法商议演说的练习模本。

希汉、拉汉术语对照

accusatoris intentio 原告的指控

actio 发表，讲演，发表演讲，表演

adianoēta 索解无门

admiratio 赞美

adoxon 无价值，普通讼案

agōnēs 证明

aition 根据

akoluthia 正确的顺序

akyrologia 不确的习语

altercatio 争辩

amphiboliai 双重含义

amphidoxon 不明确，令人疑惑
不定的讼案

amplificare 详述

anadiplōsis 词语重复

anakephalaiōsis 总结

anakoinōsis 咨问听众

anakoluthia 不合语法的句子结构

anankaion 必要

anantapodoton 从属子句的省略

anaphora 首语重复

anaskeuē 辩驳

anastrophē 倒语喻，辞语倒装法

annominatio 用双关语

antenklēma 反控告，反诉

anthēron 摛辞抒藻的风格

antidihēgēsis 反陈述

antilēpsis 依据合法性的抗辩

antiparastasin 逆反论证

antiphrasis 反语

antiptōsis 格的替换

antistasis 凭比较而作辩护

antistrophē 逆向反复

antisyllogismos 逆反推论

antithesis 对照，对立，对置，反题

antitheton 对照

antonomasia 易称

apagōgē eis atopon 归谬法

aphaeresis　　字母消去

apodeixis　　严密的证明，精确的
　　证据

apo koinou　　一个简短句子里的
　　词语省略

apologismos　　认错

apophasis　　否认

aporia　　疑惑不定

aposiōpēsis　　顿绝，陡断

apostrophē　　向法官之外的人发
　　表演说

approbatio　　证据的充实

archaismos　　旧世的魅力

aretē　　美德

aretē politikē　　政治美德

argumentatio　　证明，证据

argumentum　　证明，证据，有根
　　有据的证明

aschēmaton　　不事排布

askēsis　　付诸实践

asteismos　　自嘲

asystata　　无法成立者

atechnoi　　自然的证明

atelēs　　不完全据事实确定

auctoritas　　威信

austēra harmonia　　简朴而不加
　　修饰的风格

autokabdalos　　率尔操觚

auxēsis　　详述

blaberon　　利害

boulēsis　意愿

caussae　　主题，讼案

charaktēr acharis　　平淡乏味的
　　风格

charaktēr glaphyros　　鲜艳风格

charaktēr hypsēlos　　庄重风格

charaktēr ischnos　　简朴风格

charaktēr mesos　　中间风格

charaktēr psychros　　平淡无味的
　　风格

charientismos　　令人愉快的反讽

chleuasmos　　讥调

chrēsimon　　有用

chrōma　　点染

circuitio　　曲喻

circuitus loquendi　　曲喻

circumlocutio　　曲喻

climax　　渐进表达

collatio　　比较

commiseratio　　激发同情

commoditas　　好处

communicatio　　咨问听众

comparatio　　比较

comparatio compendiaria　　简省
　　的比较

compensatio　　凭比较而作辩护

complementa numerorum　　诗意
　　的装填物

complexu rerum personarumque
　　事和人的综合

composita dipla　　复合

conclusio　　结语

confirmatio　　确证

conjectura　　据事实确定

consecutio　　推断

constitutio finitiva　　一个正在进
　　行界定的情况

constitutio iuridicialis absoluta
　　绝对的有关合法性的立场

constitutio iuridicialis assumptive

获得承认的有关合法性的
立场

constitutio juridicialis　　有关合
法性的立场

constitutio negotialis　　给出可实
施的情形

consultatio　　议事类演说

contio　　实际展示出来的议事类
演说

controversia criminis　　否认有罪

controversiae　　论辩

cumulus　　结语

decussatio　　交错配列

deductio ad absurdum　　归谬法

defensoris depulsio　　被告的
反驳

deiktika　　确凿的证据

deinotēs　　随物赋形的风格

deliberatio　　议事类演说

dēmēgoria　　议事类演说

deprecatio　　反驳

detractio litterae　　消去字母

diacope　　插词法

diairesis　　划分

dialogismos　　修辞性问答

dialysis　　透析，一个句子插嵌
进另一个句子内

diaporēsis　　疑惑不定

diaporeticum genus　　令人疑惑
不定的讼案

diasyrmos　　调弄

diathesis　　布局，构织，合成，联
缀，结撰

dicacitas　　能说会道

didaktikos　　宜于传授的

dihēgēsi　　论据陈述

dikaiologia　　有关已发生行为之
合法性的立场

dikaion　　正确，得当

dilemma　　二难推理

dilēmmaton schēma　　二难推理

dipla onomata　　醒目的构词法

dispositio　　布局

dissoluta lexis　　弛缓的风格

dolus malus　　诡计

doxa　　意见

dynamis　　技能，可能性

dynaton　　可行

dysphōnia　　发音困难

dysprophora　　拙劣的措辞

egressio　　离题，偏离

eidē　　可见之原形

eidos dikanikon　　法律类

eikos　　可能性

ekdromē　　偏离

eklogai　　选集

eklogē tōn onomatōn　　辞语的
择取

ekphōnesis　　呼喊

ekthesis　　阐述

elengtika　　反驳

eleou aitēsis　　引起同情

eleou eisbolē　　引起同情

eleou ekbolē　　消除同情

ellipsis　　省略

elocutio　　表达风格

en politikōi pragmati　　就政治
事物

enallage　　替代法，换易

enargeia　　明晰，透彻

endoxon　　具正义感的讼案,荣誉,高尚

enstasis　　对某一前提提异议

entechnoi　　人工的证明

enthymēma　　修辞性推论,论辩

enumeratio　　枚举

epanaphora　　首语重复

epepheugmenon zeuxis　　一个简缩的句子里的词语省略

epezeugmenon　　句端联结者

epicheirema　　逻辑论证的证明

epidihēgēsis　　重复的陈述

epilogos　　结语,最后陈述,辩论终结

epistēmē　　知识,真知,科学意义上的知识

epithet　　饰喻

epitheton ornans　　起装饰作用的描述性增扩

epitropē　　吁请法官裁决

ēthopoiia　　模仿

ēthos　　精神特质,自持的性格

eu legein　　讲论得善好

euthydikia　　无异议的审理

exacerbatio　　激恼

excessus　　离题

exclamatio　　呼喊

exercitatio dicendi　　演说经验

exergasia　　精详阐述的思想

exetasis dianoias　　洞察力的展露法

exile　　枯瘠

exordium　　引言

explicare　　解释

expositio　　想法的陈述

extenuata　　简单

facetum　　优雅

fictio personarum　　拟演

figurae sententiarum　　思考的修辞手段

figurae sermonis　　日常用语的修辞手段

figurae verborum　　文字的修辞手段

freni　　刺耳的声响

genera causarum　　讼案的种类

genos encōmiastikon　　褒贬类

genos enteuktikon　　偶然类

genos epideiktikon　　夸示类、展示类

genos pragmatikon　　实务类

genos symbouleutikon　　议事类

genus tenue　　令人疑惑不定的讼案

glōssai　　古旧废弃之词

glōssēmatikē　　布满废弃不用之词的风格

gnōmē　　道德准则

glaphyra harmonia　　润饰而洁雅的风格

hadron　　庄重而雄强的风格

hapax legomena　　闻所未闻的事物名称

heuresis　　发现,选题,选题觅材,觅取

historikon　　历史

homoiologia　　风格的千篇一律

homoioprophoron　　头韵

homoioteleuton　　诸多子句的相同结尾

honestas　荣誉

horismos　定义

hyperbaton　凸喻,辞语的换置,词语位置的变更

hyperbolē　夸张

hypodihēgēsis　对意图和计划的陈述

hypokrisis　发表

hypollagē　置换法,替换

hypophora　插入答案,涤清敌手的说法

hypothesis　前提

hypotypōsis　状物,对事物作生动而明晰的描绘

hysterologia　逆序喻

ideai　理念之形,真形

illustratio　阐明

immutatio　改易

immutatio litterae　字母的易换

incolumitas　个人安全

insinuatio　曲意奉承

insolens verbum　奇词僻字

intellectio　理解,发现,认识

interrogatio　反诘问

inventio　发现,选题,选题觅材

iocus　幽默

isa schēmata　等义修辞格,同声相应的修辞手法

isokōlon　诸子句同样的音长

kakosyntheton　不擅编排

kakozēlia　做作

kakozēlon　矫揉造作

kallilogia　典雅之言

kalon　善好,美善

kata chronous　音节的拍子或长短不当

kata pneuma　让人难受的送气音

kata to analogon　依循类比

kata tonon　拉长或扩展元音

katachrēsis　词语的妄用

katadihēgēsis　作证据用的陈述

kataphasis　指控

kataskeuē　证明,推定的分析

katastasis　介绍

katēgoria　庭辩类演说

katharōn　纯正,明净

kephalaia　最高准则的论题,首要论题,最普遍的论题

koinai ennoiai　通用知识

koinē glōssa　通用语言

koinē poiotēs　共通的性质

koinos topos　论证,一般性论证

kōla　子句

kolakeia　迎合

kommata　短句

kommōtikē　装饰术

kyriolexia　字面表达的用法

kyriologia　词的本义,专门意义

kyriōnymia　专有名称的用法

laliai　琐言

latinitas　纯正的拉丁语风格

laudatio funebris　葬礼颂文

legein　言说

lektikos charaktēr　独具风格的言说技能

lektikos topos　独具风格的言说技能部目

lexis　表达风格,言语

lexis apērchaiōmenē　通体古式的风格

lexis eiromenē　流动的风格

lexis katestrammenē　完整句的风格

lexi peritte　冗馀的表达方式

licentia　破格

litotēs　曲言

locus communis　一般性论证

logikē　合理的

logographia　文字演说辞,文字演说辞代写者

logoi phonikoi　刑事讼辞

logoi protreptikoi　激励演说

logo alēthēs　真实的叙述

logos epithalamios　婚礼祝辞

logos epitaphios　葬礼悼辞

logos praktikos　实际应用的言辞

logos propemptērios　告别辞

logos propemptikos　护送辞

logos prosphōnētikos or epibatērios　接风辞

logos syntaktikos or syntaktērios　临别辞

logos theōrētikos　纯理论的言辞

lysis　辩驳

makrologia　冗长的言语

medium（floridum）　中间型(摛辞抒藻)

megaloprepēs　壮丽风格

meiōsis　缩略

meirakiōdē　造作而简稚的

meletē　付诸实践

memoria　记忆

metalēpsis　取代,抗辩

metastasis　转移责任

metathesis　字母的易位

metonymy　换喻

mimēsis　模仿

mnēmē　记忆

modi　模式,式样

modulatio　韵律特征

monokōlos　单一子句

mores　惯用法

morion peristaseōs　证据的组成部分

motus　运行

myktērismos　挖苦

narratio　论据陈述

noēsis　理解

nomikē　合法的

nomos　准则

numerus　节奏性,韵律,数

occulatio　佯不提及

officium　任务

oikonomia　安排、布局

onomata pepoiēmena　新铸之言

onomatopoeia　声喻,拟声

opsopoiikē　烹调术

oratio compellatoria　公开演讲或致词

oratio probabilis　可以接受的语言

oxymoron　逆喻,矛盾形容法

palillogia　重复

panēgyrikon　称扬

paradeigmata　修辞性归纳,例证法

paradihēgēsis　　附带的陈述

paradoxon　　非常之事,惊奇,异乎寻常的讼案

paragraphē　　抗辩

paraleipsis　　佯不提及

paranomasia　　文字游戏

parapleroma　　明确陈述的内容

paraplērōma　　胖拇枝指,填充物,添加成分

parasiōpēsis　　佯不陈述

paraskeuē　　筹划

parekbasis　　偏离,离题话

parison　　短句的相似结尾

parisōsis　　诸子句的对称

paromoia　　谐音,同化

paromoiōsis　　一种业经强化的诸子句的对称

pars absoluta　　确实方面

pars assumptive　　假定方面

partes suadendi　　有说服力的证据

partitio　　分列,分类

patavinitas　　帕多瓦方言特征

peithein　　说服

peri hekaston　　就每一事物

periergia　　雕琢过甚

periodoi　　完整句

periphrasis　　曲喻

peristases　　情境

peristasis　　事实

permissio　　吁请法官裁决

peroratio　　结语,最后陈述,辩论终结

phrases　　表达风格

physis　　天赋技能

pistis　　有充分根据的证明,证据

pithanē　　可信

pithanon　　说服,说服之力

pithanotēs　　具说服力

pleonasmus　　赘述

plēthos　　大众

poiotēs　　性质

poiotēs nomikē　　法律问题

praejudicia　　初步判决

praeoccursio　　交错配列

pragmatikai　　对事实真相的细究

pragmatikē　　涉及将来的事实

pragmatikos charaktēr　　切合实用自成体统的特性

praxis　　运用效果

prepousa　　恰到好处

presbeutikos logos　　使者演说辞

probabile　　可信性

probatio　　证明

prodigia　　征兆

prodihēgēsis　　初步陈述

progymnasmata　　预先练习,作文或演讲的初步训练

prohypantēsis　　交错配列

prokatalēpsis　　预叙

prokatastasis　　初步陈述

proklēseis　　要求

prolalia　　简短的开场白

prolēpsis　　预叙

pronuntiatio　　发表,发表演讲

prooemium　　引言

propositio　　论点陈述

proprium　　固有属性,本义

prosōpopoiia　拟演

prosthesis　字母或音节的添加

prothesis　论点陈述

provocations　要求

psogos　指摘

psychron　呆扳的风格

purgatio　开脱

quaestiones actionis　实践命题

quaestiones cognitionis　理论命题

quaestiones finitae　有限问题

quaestiones infinitae　无穷问题

ratio　判断

prosphōnēsis　公开演讲或致词

refutatio　辩驳

remotio criminis　转移责任

rhaidion　有节制的

salsum　风趣

saphēs　明晰

sardismos　方言的混融

schēma　修辞格,转义

schēmata　修辞手法

schēmata dianoias　思考的修辞手段

schēmata lexeōs　文字的修辞手段

semnotēs　雄浑

sentential　实际展示出来的议事类演说

signum　计划

simulatio　虚饰

sophistēs　能工巧匠,医生,诗人,政治家,哲学家

sphodrotēs　激烈

stasis　立场,可成立的主题

status conjecturalis　猜测性的立场

status definitivus　界定性的立场

status negotialis　涉及将来事实的、可实施的立场

status qualitatis　性质的立场

stephanōtikos logos　花冠呈献辞

suasoriae　说服

syllēpsis　一笔双叙

symbouleutikos　议事

sympheron　适当

symploke　首尾语重复

synaloiphē　两个音节缩约

synchyis　混乱的交错配列

synecdoche　举隅法,举喻

synechon　主要论据

synēgoria　庭辩类演说

syngnōmē　开脱

synōnymia　同义词并用

synthesis　联缀

syntomos　简截

tapeinōsis　风格的降低

tautologia　同义反复

taxis　布局

technē　艺术,技术,理论授受

telika kephalaia　有关最终目的的纲目

telos　任务

theatrika　程式化的

theōrēsai　觅出

thesis　一般命题

tmesis　插词法

topoi　规则,论题

tprachysēs 粗野

tracheia synthesis 刺耳的成分

tractatio 评述

translatio 转变,抗诉

translatio criminis 反诉

transumptio 进喻

tropes 比喻

tropikē phrasis 比喻的表达

tropos 比喻,转义

urbanitas 雅言,彬彬有礼

venustum 魅力

vitium detractionis 简省的某种短欠

zētēma 被探查之物

zeugma 轭式搭配

图书在版编目（CIP）数据

古修辞讲稿/（德）尼采（F. Nietzsche）著；屠友祥译.
--上海：华东师范大学出版社，2018
（经典与解释·尼采注疏集）
ISBN 978-7-5675-7756-5

I. ①古… II. ①尼… ②屠… III. ①修辞学-研究 IV. ①H05

中国版本图书馆 CIP 数据核字（2018）第 101824 号

华东师范大学出版社六点分社

企划人 倪为国

尼采注疏集

古修辞讲稿

著　　者　（德）尼采
译　　者　屠友祥
审读编辑　李　鹏
责任编辑　陈哲泓
封面设计　吴元瑛
出版发行　华东师范大学出版社
社　　址　上海市中山北路 3663 号　　邮编　200062
网　　址　www.ecnupress.com.cn
电　　话　021-60821666　　行政传真　021-62572105
客服电话　021-62865537　　门市（邮购）电话　021-62869887
地　　址　上海市中山北路 3663 号华东师范大学校内先锋路口
网　　店　http://hdsdcbs.tmall.com
印　刷　者　上海景条印刷有限公司
开　　本　890×1240　1/32
插　　页　2
印　　张　6
字　　数　110 千字
版　　次　2018 年 9 月第 1 版
印　　次　2018 年 9 月第 1 次
书　　号　ISBN 978-7-5675-7756-5/H.968
定　　价　38.00 元

出 版 人　王　焰